大学生自我管理能力培养探索

姚剑婷◎著

吉林出版集团股份有限公司
全国百佳图书出版单位

图书在版编目（CIP）数据

大学生自我管理能力培养探索 / 姚剑婷著 . -- 长春：吉林出版集团股份有限公司 , 2024.4
ISBN 978-7-5731-5105-6

Ⅰ.①大… Ⅱ.①姚… Ⅲ.①大学生—自我管理—研究 Ⅳ.① G645.5

中国国家版本馆 CIP 数据核字 (2024) 第 111067 号

大学生自我管理能力培养探索
DAXUESHENG ZIWO GUANLI NENGLI PEIYANG TANSUO

著　　者	姚剑婷
责任编辑	李　娇
封面设计	李　伟
开　　本	710mm×1000mm　　1/16
字　　数	210 千
印　　张	11.5
版　　次	2024 年 6 月第 1 版
印　　次	2024 年 6 月第 1 次印刷
印　　刷	天津和萱印刷有限公司
出　　版	吉林出版集团股份有限公司
发　　行	吉林出版集团股份有限公司
地　　址	吉林省长春市福祉大路 5788 号
邮　　编	130000
电　　话	0431-81629968
邮　　箱	11915286@qq.com
书　　号	ISBN 978-7-5731-5105-6
定　　价	74.00 元

版权所有　翻印必究

作者简介

姚剑婷 女，1982年10月出生，广东省广州市人，毕业于华南师范大学，硕士研究生学历，现任星海音乐学院讲师，辅导员。研究方向：思想政治教育专业。主持并完成广东省教育厅科研项目两项，发表论文九篇，荣获省级奖项三项。

前　言

在经济全球化的今天，科技、经济、文化水平得到了迅猛发展，在知识、经济和人才方面的竞争日趋激烈。在这样的大背景下，我国高等教育取得了举世瞩目的成就。高校作为向社会推送人才的中坚力量和主要基地，做好学生的管理工作对高校有着十分重要的意义。

在社会竞争日趋激烈的今天，学生应当进行自我管理，主动地处理学习、生活、心理三者之间的关系，顺利融入集体和社会中，通过不断加强自我心理完善的程度，提高与人沟通、交流、合作的能力，不断提高和完善自我能力，提高自身素质。这不但关系着学生自身的发展，更关系到我国社会发展和中华民族的未来。学生并非学校管理的客体，而是具有主动性和能动性的主体。本书以此观点为基础，对学生的自我管理展开论述。

本书内容共分为七章。第一章为自我管理概述，主要介绍了四个方面的内容，依次是自我管理的内涵和特征、自我管理的意义、德克鲁的自我管理理论、当代大学生自我管理的现状；第二章为大学生学习与时间的自我管理，包含五个方面的内容，依次是大学生学习管理的重要性、大学生学习管理的方法、时间管理的概念及误区、大学生时间管理的原则和方法、大学生时间自我管理的评价；第三章为大学生人际交往的自我管理，主要介绍了三个方面的内容，依次是人际交往概述、大学生人际交往中常见的问题和管理、如何提升人际交往的技巧；第四章为大学生行为的自我管理，主要介绍了三个方面的内容，依次是大学生行为管理的内涵与意义、大学生行为管理的主要技能、大学生行为管理的技能方法；第五章为大学生恋爱心理的自我管理，包含三个方面的内容，依次是爱情和恋爱的本质分析、大学生的恋爱心理分析、大学生常见的恋爱问题与管理；第六章为大学生情绪的自我管理，包含四个方面的内容，依次是大学生情绪情感的心理结构、大学生情绪情感的特征、大学生常见的不良情绪、大学生健康情绪的培养；第七章为大学生挫折心理的自我管理，包含三个方面的内容，依次是大学生挫折心理产生的原因、大学生遇到挫折时的消极反应、大学生挫折心理的消除。

  在撰写本书的过程中，作者得到了许多专家学者的帮助与指导，参考了大量的学术文献，在此表示真挚的感谢。但由于作者水平有限，书中难免会有疏漏之处，希望广大同行与读者及时指正。

姚剑婷
2023 年 4 月

目 录

第一章　自我管理概述 ·· 1
　第一节　自我管理的内涵和特征 ·· 1
　第二节　自我管理的意义 ··· 14
　第三节　德克鲁的自我管理理论 ······································ 20
　第四节　当代大学生自我管理的现状 ·································· 34

第二章　大学生学习与时间的自我管理 ································ 41
　第一节　大学生学习管理的重要性 ···································· 41
　第二节　大学生学习管理的方法 ······································ 43
　第三节　时间管理的概念及误区 ······································ 58
　第四节　大学生时间管理的原则和方法 ································ 64
　第五节　大学生时间自我管理的评价 ·································· 71

第三章　大学生人际交往的自我管理 ·································· 75
　第一节　人际交往概述 ·· 75
　第二节　大学生人际交往中常见的问题和管理 ·························· 81
　第三节　如何提升人际交往的技巧 ···································· 88

第四章　大学生行为的自我管理 ······································ 97
　第一节　大学生行为管理的内涵与意义 ································ 97
　第二节　大学生行为管理的主要技能 ································· 104
　第三节　大学生行为管理的技能方法 ································· 109

1

第五章　大学生恋爱心理的自我管理 117
第一节　爱情和恋爱的本质分析 117
第二节　大学生的恋爱心理分析 122
第三节　大学生常见的恋爱问题与管理 125

第六章　大学生情绪的自我管理 133
第一节　大学生情绪情感的心理结构 133
第二节　大学生情绪情感的特征 138
第三节　大学生常见的不良情绪 142
第四节　大学生健康情绪的培养 155

第七章　大学生挫折心理的自我管理 161
第一节　大学生挫折心理产生的原因 161
第二节　大学生遇到挫折时的消极反应 164
第三节　大学生挫折心理的消除 168

参考文献 175

第一章 自我管理概述

21世纪是一个科技迅速发展的时代，是知识经济的时代，是新产业、新职业不断兴起的时代。对于21世纪的大学生来说，要在新世纪立足，除了迫切需要掌握不断更新的专业知识和职业技能，还有一个更加重要、更加紧迫的任务，就是要学会自我管理以及掌握自我管理的技能。本章从自我管理的内涵和特征、自我管理的意义、德克鲁的自我管理理论、当代大学生自我管理的现状四个方面进行简单的探讨。

第一节 自我管理的内涵和特征

一、自我管理的内涵

（一）自我管理的理论渊源

自我管理是一个古老的命题。在中华民族的传统美德中，倡导"修身齐家治国平天下"，并且把"修身"放在首位，有"君子应自强不息""内省慎独""吾日三省吾身"等许多精当的论述，以及诸如"头悬梁，锥刺股"等有关艰苦修炼的千古佳话。

自我管理又始终是一个新的课题，随着社会的发展，每一个时代都赋予其新的内涵。

建立在现代管理理论最新成果基础上的自我管理，比以往传统的自我管理有了更加深刻和丰富的内容。它不是一个简单的、追求时髦的口号，而是一门科学、一种艺术。它是人类组织管理学和人类心理学不断发展的结果，是20世纪最后时期管理理论发展的最新成就,也是企业人本管理理论和人类心理学发展的最新成就,还是个性心理学和人的潜能理论的结晶。

最新的企业人本管理理论认为,应通过以人为本的企业管理活动和尽可能少的消耗获取尽可能多产出的实践,来磨炼人的意志,提升脑力、智力和体力,通过竞争性的生产经营活动,达到完善人的意志和品格、提高人的智力、增强人的体力的目的,使人获得更为全面自由的发展。这一理论与现代管理理论以及现代管理丛林中有关以人为本管理思想相区别,它不是停留在调动企业人员创造财富的层面,而是站在提高企业效率的主动性、积极性和创造性,以及将人力资源作为提高生产要素使用效率的层面来描述以人为本的管理的本质和最终意义。它把追求人更加全面的发展与个性的更加完善作为管理的根本目标。因此,这种人本管理的思想对企业发展具有更大的驱动力。

想要实现真正意义上的人本管理,就要实行自我管理。如果企业人本管理中缺少自我管理这一环节就等于放弃了让企业员工主动配合和参与到管理中的机会。企业人本管理的目的和宗旨就是要激发企业员工的主动性、积极性和创造性,而自我管理是一种有效体现人本管理宗旨的管理环节和手段。企业员工通过自我管理,可以积极而主动地参与到企业人本管理的一切工作中,并在工作中发挥其聪明才智和创造性,进而实现自己的全面发展。显然,这也是人本管理所期望实现的目的。

自我管理的另一有力的理论支撑,就是当代个性心理学的发展和进步。有关个性心理学的研究表明,个性是人的本性,个性使人成为主体,也使人类的个体相互区别。个性结构的组成部分之一就是自我调节系统。自我调节系统以自我意识为核心,它在心理结构上包括认识、情感和意志三个方面。在认识方面包括自我感知、自我分析、自我观念、自我评价等,在情感方面包括自我体验、自尊、自信、自豪等,在意志行动方面包括自我监督、自我领导、自我控制等。这三者不是截然分开的,而是紧密联系着,统一形成了个性结构中的自我调节系统。自我管理正是以人的认识、情绪和意志行动为管理的基本对象,同时又以这三方面的素质为管理工具。

当代人的潜能理论也为自我管理理论和实践提供了重要依据。该理论认为,人类有很多种能力等待被开发。其中等待被开发的第一潜力领域，就是人类大脑的能力或智商（IQ）。

最新研究认为，人的大脑左右两半球有着不同的智力功能。左半球侧重于语言、数学、逻辑和分析等，称为科学半球；右半球侧重于想象、韵律、色觉、幻想等，称为艺术半球。并且大脑有一种"增强效应"，即当较弱的脑半球受到激励而与较强的半球合作时，脑的总能力往往可增大数倍。另外，人的大脑神经元是微小的结构，在厚度仅几毫米的大脑质里就有上百亿个，并由表及里共分6层，这些神经元突起的总长度可达上千米。当大脑活动时，各神经元可经由这些突起（树突）联系起来，形成通路，一根树突上又可以产生上千个更小的树突刺。若给大脑以刺激，树突刺还会增加。神经元的联系是通过电化过程传递物质反应，在任何一瞬间，一个人的大脑就可发生上百万个反应。

从上述描述可知，对每个大脑正常发育的人来说，都不存在大脑"无能"的问题，问题在于如何把远没有得到发挥的、几乎无限的大脑潜能活化为实在的能力。1980年，美国心理学家奥邦托通过研究认为，现在一个人所发挥出来的能力仅占全部能力的4%。[1]

等待被开发的第二潜力领域是情绪调节和意志能力，即我们所说的情商（EQ）。有关研究认为，人具有巨大的情绪和意志潜能，在某种情形之下，它们会被激发出来，创造出意想不到的奇迹。

综上所述，每个人都有许多潜在的能力尚未被开发，它们等待我们去开发。这就是实施自我管理的内在依据和实在的内容。

（二）自我管理的定义

自我管理理论是"现代管理学之父"彼得·德鲁克在1954年提出的。他认为，所谓自我管理，就是指个体对自己本身，对自己的目标、思想、心理和行动等表现进行的管理。自己把自己组织起来，自己约束自己，自己激励自己，自己管理自己。[2]

---

[1] 古井．比较优势原理：让优势发挥最大的作用［EB/OL］．（2022-06-18）［2023-03-05］．https://www.jianshu.com/p/e7bfe8b990ea．
[2] 彼得·德鲁克．德鲁克管理思想精要［M］．李维安，王世权，刘金岩，译．北京：机械工业出版社，2007：7．

从不同的学科门类的研究角度，可将自我管理的定义主要分为以下几种：

1. 心理学范畴的定义

以人的心理现象为研究对象的心理学，通过探析、测试人的行为和心理活动的规律及特征来研究自我管理，强调自我管理是一种良好适应的心理品质。心理学研究的主要因素是自我意识、自我控制、自我适应、自我调节、自我激励与自我反馈。主要分为精神分析心理学的自我管理研究和非精神分析心理学的自我管理研究两类。

以奥地利精神分析学家弗洛伊德为代表的精神心理学派认为，人格结构由本我、自我、超我三部分组成。本我，即原我，指原始的自己，包含生存所需的基本欲望、冲动和生命力，是一切心理能量之源。本我按快乐原则行事，不理会社会道德、外在行为规范，唯一的要求是获得快乐，避免痛苦。其目标是求得个体的舒适、生存及繁殖，是无意识的，不被个体觉察。自我，原意指自己，是自己可意识到的执行思考、感觉、判断或记忆功能的部分。其机能是寻求"本我"冲动并使其得以满足，同时保护整个机体不受伤害，它遵循现实原则，为本我服务。超我，是人格结构中代表理想的部分，是个体在成长过程中，通过内化道德规范、内化社会及文化环境的价值观念形成的。其机能主要是监督、批判及管束自己的行为，特点在于追求完美。超我是非现实的且大部分是无意识的，它要求自我按社会可接受的方式去满足本我，遵循的是"道德原则"。

本我、自我、超我既有区别又有联系。主要区别：本我代表遗传因素，是人的生物本能；自我主要由个人经验和社会环境所决定，也就是由偶然的、同时代的事件所决定；超我则代表外部世界的理想，本质上是从他人身上和外部世界继承，受父母及父母的替代影响。它们的主要联系：自我和超我是在本我基础上发展起来的衍生物。自我是人格结构的中枢系统，是人们行为和动机的控制器和调节器，不停地周旋于本我、现实环境和超我三者之间，平衡和协调它们的关系，承受来自各方面的压力和挑战，最大限度地避免自我焦虑；超我是从自我中分化出来的，是社会文化传统的卫道士和道德规范的仲裁者，把自己的好恶强加给自我。在精神心理学派的自我管理研究中，自我，是对客观事物施加影响并在一定程度上涉及潜意识活动的自我（ego）。因此，精神心理学派主要进行的是对自我意识、自我控制的研究，认为自我管理是自我对于本我和超我的协调，自我管理的目的是如何使用社会更接受的方式，满足人的生物本能，从而有效避免内疚。①

非精神心理学派（主要指发展心理学、认知心理学和社会心理学等）认为，自我是作为对象或客体（object）具有反身意识性质的自我或自身（self）。美国"心理学之父"威廉·詹姆斯为自我的理论奠定了现代研究自我观念的基础。他认为自我是"实证的自我"，有好几种元素：物质的自我（我们的身体、所有物、家人、家庭）、社会的自我（个体的社会特征、私人关系，种族、政治倾向、烙印群体及职业和爱好）、精神的自我（内在的思想品质、整个的心灵功能或者性格的集合）。实证的自我从总体来说是可研究的，能通过内省和观察的办法加以探索。它指出人的行为是"有目的的行为"，并提出了"自我控制""选择""自我功效"等自我管理的相关概念。②

美国心理学家斯金纳的行为主义观点认为，人们是否作出某种行为，只取决于一个因素：行为的后果。人们并不能选择自己的行为，而是根据奖惩来决定自己以何种方式行动，提出要通过习得和训练获取理想行为或校正不良行为的观念。相对于外在的奖惩系统，自我管理强调个体的主动性，是以目标为导向的一个运用行为和认知策略的过程。美国心理学家爱德华·德西和理查德·瑞安等人在20世纪80年代提出了关于人类自我决定行为的动机过程理论。该理论认为人是积极的有机体，具有先天的心理成长潜能和发展潜能。自我决定就是一种经验选择的潜能，是在充分认识个人需要和环境信息的基础上，个体对行动所作出的自由选择。自我决定的潜能可以引导人们从事感兴趣的、有益于能力发展的行为，这种对自我决定的追求就构成了人类行为的内在动机。该理论描述了外在控制、奖励和结构内化的内容并且将它们整合到自我管理系统中的过程。马斯洛的动机理论（又称需要层次论）认为，人类动机的发展和需要的满足有密切关系，需要的层次有高低的不同，低层次的需要是生理需要，向上依次是安全、爱与归属、尊

---

① 西格蒙德·弗洛伊德. 自我与本我[M]. 张唤民，陈伟奇，译. 上海：上海译文出版社，2011：193.
② 威廉·詹姆斯. 心理学原理[M]. 田平，译. 北京：中国城市出版社，2010：189-259.

重和自我实现的需要。自我实现指创造潜能的充分发挥，追求自我实现是人的最高动机，它的特征是对某一事业的忘我献身。高层次的自我实现具有超越自我的特征，具有很高的社会价值。健全社会的职能在于促进普遍的自我实现。自我管理是通向自我实现的唯一必经途径。

美国儿童发展心理学家科尔伯格认为，人的心理是一种以水平不断增加为特征的、内部结构的发展过程，是内部与外部互相作用的结果。[①]道德并不是强加于个体的，个体在建构个体道德判断时，会主动介入各种社会关系中，通过其社会经验形成特定的思维方式，尤其是通过采取他人的观点、以各种情感为基础的方法作出自己的判断。美国心理学家约翰·弗拉维尔提出的元认知是指"为完成某一具体目标或任务，依据认知对象对认知过程进行主动的监测以及连续的调节和协调"，"个人在对自身认知过程意识的基础上，对其认知过程进行自我反省、自我觉察、自我控制与自我调节"。[②]元认知是认知、体验和控制的过程，自我管理就属于此过程。自我管理是人类对自身的管理，是一个人认识自我和完善自我的过程。"人应该自己管理自己，不应该被他人管理。人的自我管理即指人的内在自由与外在自由步调一致"。自我管理是指主动地调整自己的心理活动和行为，控制不当冲动，克服不利情境，积极寻求发展，取得良好适应的心理品质。显然，这种心理品质的好坏，以及自我管理水平的高低，是影响整个社会适应效果和活动绩效以及心理健康状况的重要因素。

美国当代心理学家阿尔伯特·班杜拉的社会认知理论将个体的认知、行为及所处环境放在了一个动态的系统中进行考察，得到了"三元交互作用系统"。他认为个体的活动是认知、行为和环境三个变量不断相互作用的函数。个体对外在影响的反应有消极的也有积极的，而且外在环境也会因为个体的反应发生改变。这种相互的影响为个体对自身发展施加一定的影响提供了可能。根据这个模型，自我管理是个体、行为和环境三个变量相互作用的结果，其中，个体的影响因素受到班杜拉的高度重视，这些因素包括个人的信念（比如自我效能感）、知识以

---

① 蒋福明. 科尔伯格道德教育理论和实践研究 [D]. 长沙：湖南师范大学，2006.
② 郑碧君. 独立学院英语专业学生自主学习能力的培养 [D]. 武汉：华中师范大学，2013.

及情绪情感过程。他提出了"个体自理性"的重要概念，即个体具有主动地选择信息、决策判断并作出目标导向行为的能力，以达到既定目标。此概念的四大特征：行为的目的性、前瞻性思维、对自身活动的自我调节、自我反省。班杜拉在1977年提出"自我效能感"的概念，将其定义为"个体对自己完成既定目标所需的行为组织和执行能力的判断"。自我效能感是一种自我认知，起到控制知识和行为之间相互关系的作用。面对既定任务，自我效能感决定着行动者对积极努力去完成还是回避的重要选择。个体对效能预期越高，就越倾向作出更大努力。班杜拉指出了四点影响自我效能形成的因素，即直接的成败经验，替代性经验，言语劝说和情绪的唤起。他认为自我概念主要反映的是人们对自己个人效能的信念。个人控制使一个人能预期事件并使其成为所期待的样子。个体自我管理模型，即自我观察、自我评估、自我反映。可见，非精神分析心理学研究中的自我管理，指的是在意识层面上和认知作用下，人对自己心理和行为的控制和调节。自我调节包含着四个相互关联、相互作用的阶段：目标选择、目标认识、维持方向、目标终止。自我管理的内涵是自己管理自己，这是一种自我调控、自我约束的行为。具体来说，自我管理是指个人自觉地对自己的思想、心理和行为进行调节、控制和约束。

总之，心理学定义的自我管理是个体通过主动地设定目标，采取行动调整自己的心理活动和行为，监控和评估自身的绩效并作出相应的调节，积极寻求发展，取得良好适应的心理品质，从而实现自我目标、塑造自己命运。

2. 哲学范畴的定义

在哲学范畴的研究认为，自我管理问题不仅是现实生活中的重大问题，也是在人的哲学问题中一个至关重要的论题。依据对立统一规律，用矛盾分析法研究自我管理，强调自我管理是人在社会实践活动中处理并解决各种矛盾的方式。

自我管理作为人的存在方式，是人类有史以来的基本事实。自我管理内在地生成于主我与客我的两重矛盾、自我与组织的对立统一、自我与社会的良性互动关系。

人的自我作为生命个体，总是一种不断地通过实践认识和改造自然、社会及自身的存在物。自我在其发展中，不仅认识和改造自然，而且不断地审视、认识和改造自己。"自我"一分为二，分解成主体的"我"和客体的"我"，即"主我"和"客我"。自我不仅成为自己的主体，也可成为自己的客体。当主体对自己的某一方面、某一部分进行体察和反思、调整和改造时，这部分自我就成为"客我"。人在能动性活动中把自己对象化，从而产生人与自身的主客体关系。主我和客我两方面构成一个完整的个体自我，自我的主客体的基本关系是实践关系，即主我调整和改造客我的关系，通过这个关系构成现实的自我改造、自我管理活动，从而实现自我。个体的自我主客体关系表现为自我实现、自我改造、自我满足、自我意识。主我与客我的两重矛盾内在地要求自我控制、自我协调等自我管理，从而实现自我发展，促进自我和谐。人要实现自己的目的，就需要在对自己负责的基础上进行自我管理。在每个具体的实践活动中，人要能把自己的意图和体验、思想和感觉及时客观地报告给自己，形成对自己意识和行为的正确自我认识进而制定活动目标；在活动过程中必须将活动的实际进展方向、活动客体、活动结果与原定目的进行对照，并作相应自我修正；为求得主我与客我的协调，必须进行自我控制，根据既定目标让主我制约客我，有效推动积极行为、抑制消极行为，努力达成目标。解决主我与客我的矛盾必须自我管理。自我管理不但改变了自我的内部世界，而且也改变着外部环境。人类的进步与发展，也是人不断的自我管理、自我提高的过程。

从哲学领域研究的自我管理，将人的全面发展作为其最终目标和最高目标。从哲学意义上来考察自我管理，我们会得出这样的结论：自我管理是对传统管理理论和实践进行深刻反省后的产物，它将管理的对象由外部移到内部，转到人自身，将管理主体与客体融合到一人身上。这是管理思想史上划时代的变革。

在哲学范畴的研究认为，自我管理是指个体在社会活动中，主我能动性地对客我进行体察和反思、调整和改造，处理自我矛盾，实现自我协调与自我发展，以及与组织和社会良性互动关系的实践方式。有学者指出，自我管理就是指在现代化的社会历史大背景下，具有自我意识、自主意识和自由能力的个人，在正确认识自己所处环境的前提下，通过合理的自我设计、自我学习、自我协调和自我控制等环节，以获得个人自我实现和全面发展并能推动社会进步和人类解放为最终目标的能动活动。

3. 管理学范畴的定义

系统地研究管理活动及其基本规律的管理学，侧重于从自我管理与管理现代化的关联性、自我管理的人本性、自我管理目标与组织管理目标的一致性、自我管理的有效性、自我资源配置的科学合理性等方面定义自我管理，强调的是在自我管理中管理的控制职能。

管理现代化是用新的科学思想和组织手段对当代社会和经济进行有效的管理，从而创造最佳经济效益的过程，最重要的精神是把管理纳入"一切为了人"的现代意识和规范。管理的现代化就是人性化、个性化、自主化。自我管理是现代管理的真正内涵和本质特征，是管理现代化的总趋向。现代管理是人本管理以及基于人本管理的自我管理，这已经成为共识。以自我管理为最终追求目标的人本管理是管理理论发展的必然结果，是以人的全面的、自在的发展为核心，创造相应的环境、条件，以个人自我管理为基础，以组织共同愿景为引导的管理模式。自我管理是实现人本管理的有效形式。自我管理追求的人本目标是人自由而全面的发展，包括人素质的全面提高和人的解放，使人的本质力量得以发展和实现，是管理追求的终极目标。管理的历史就是一部"个人本身力量发展的历史"。强调自我管理，是因为管理责任的最终落脚点是个人。人是自为的存在物，是以不断生成生命的形式而存在。不断超越自己，使自己趋于自己设定的存在状态。自我只有在不断地自觉追求中才能真正达到自我实现的目的，因此，自我管理是自我实现的根本途径。

自我管理是最节省成本的管理模式之一。从成本/收益观来看，自我管理是令人向往的目标。因为它可使企业减少用于雇人充当管理者的货币和时间成本，而且，它可以使管理者腾出时间处理更加重要的长期关键性问题。自我管理曾被叫作"领导的替代品"，就是让更多的人管理他们自己的行为，以实现组织目标。

蒂姆认为，在个人合理的价值观系统基础上，最大限度地利用和发挥自己的时间与潜能，从而实现有价值的目标，这一过程就是自我管理。"价值系统"即无论什么时候，我们都会朝自己认为有价值的方向努力。所以，理解个人的价值观是自我管理过程的关键环节，"时间与潜能"是只有自己才能掌握和控制的资源。实际上它们才是我们必须付出和真正能够管理的:"有价值的目标"是我们努力的结果,这些目标必须植根于一个合理的价值系统中;"过程"即指自我管理是持续不断的,贯穿一切有目标的活动的始终,它不是一次性的或偶然的。

(三)自我管理内涵总结

综上分析,自我管理是人们处理自我的主我与客我、组织及社会的关系,求得个人生存与发展的必然方式。伴随知识经济和经济全球化时代的到来,人的权利和价值观被日益重视,个性得到更加充分的张扬,个人与组织、社会的矛盾越来越突出,自我管理的问题也就日益凸显。自我管理已成为心理学、哲学、管理学、社会学、教育学等多个领域的研究重点。自我管理理论也在上述各种理论的支撑下得到了极大的发展。作者综合前述各方面的研究,对自我管理作出如下定义:

自我管理是个人以自己合理的价值观为基础,能动地提出目标,组织整合自身资源(时间、知识、技能、信息、情绪、情感等),调节控制自己的心理活动和行为,践行并完成目标,实现自我价值与自我发展的自觉的、持续性的活动。其内涵包括自我认知、自我设计、自我组织、自我调节、自我控制等。

自我认知是自我管理的前提条件,自我管理有赖于有效的自我认知及对自我认知的恰当运用。因为只有通过自我认知,才能清楚自己的价值观,明确自己的长处与优势、不足和劣势,正确地进行自我管理的定位;才能知道在什么样的条件下自己能最好地发挥,然后为获得最大成效去发现和创造条件;才能将有限的时间和精力投入自己最该做且最能够发挥自己长处的工作中去,以减少不必要的时间和精力的浪费。

自我设计,就本质而言即自我计划,自我设计为自我管理提供了明确的方向和目标,建立合适的目标(长期目标和短期目标)是进行有效自我管理最重要的内容,也是自我管理的第一步。自我设计的终极目的是超越现状而进行自我能力的提升。只有制订一个通过较长时期深思熟虑、精心准备的计划目标,才能使人们对自我管理中各个不同阶段的结果有明确的预期,把现在的努力与实现长远目标的努力结合起来,卓有成效地进行自我管理。

自我组织是指为了有效地实现既定的长期目标和短期目标，尽最大可能地集中、调配自身所拥有的各种资源，如时间、智慧、知识、技能、信息、情绪、情感、物资力量等，使自己有限的宝贵资源能得到合理地使用。

协调就是让事情和行动之间能有合适的比例。自我协调是指在实现既定目标的过程中，保持自我与环境、自我身心之间的和谐，使各种资源使用的比例合适，能与计划的推进较好地匹配。自我协调通过自我观察、自我判断和自我反映三个基本子过程实现。

自我控制是指个体对自身言行和心理状态的控制活动，侧重于节制。即在既定目标的实施活动中进行自我检查、自我分析和自我调整，旨在正确、及时地把握目标实施的方向、进度、质量和存在的问题，清除缺陷、纠正偏差，确保目标的完成。进行自我控制，根据既定目标让主我制约客我，有效推动积极行为、抑制消极行为，才能努力达成目标。因此，自我控制是自我管理的保障环节，它使得自我管理不断沿着自我设计的轨道运行。自我控制是自我管理的实质和关键，能最大限度地实现自我调控的人必是成功的自我管理者。

作者认为，自我管理更多的属于管理问题。自我管理建立在现代管理理论最新成果基础上。它以现代管理学的理论为支撑，代表着现代管理中人本管理发展的必然趋势。人本管理以深刻认识人在社会经济活动中的作用为基础，突出人在管理中的地位，实现以人为中心的管理。它把"人"作为管理活动的核心要素和组织中最重要的资本，把组织成员作为管理的主体，充分利用和开发组织的人力资本，服务于组织内外的利益相关者，从而实现组织和成员"双赢"的目标。人本管理的主要含义是通过依靠人、尊重人、关心人，开发人的潜能，塑造人的素质，凝聚人的合力等进行管理。现代组织与员工的矛盾集中表现在组织价值观与员工个体价值观的冲突与和谐的运动中，实行人本管理，使得组织成员具有自我设计、自我学习、自我调节、自我控制的空间，让员工主动协调个人价值观与组织价值观的冲突，实现自我与组织的和谐发展。因而，人本管理把追求人更加全面的发展与个性的更加完善作为管理的根本目标。现代社会中，每一个人实际上都是管理者。这种自我管理，既有能运用于具体情境的实践方法，也有关于贯穿整个人生的职业生涯管理内涵。因而它具有人本管理的意义。自我管理打破了传统管理理念中管理者与被管理者的对立,变被动为主动,化消极为积极,构建了一个自加压、自运行的自觉系统。通过自我管理,员工能最大限度地发挥自身潜能,实现全面发展,使人本管理得以实施。如果人本管理中缺少自我管理的环节,就意味着放弃让员工主动参与、配合管理的机会,人本管理就无法实施。可见,实现真正意义上的人本管理就必须实行自我管理。因此,自我管理是人本管理的本质特征,是实现人本管理的有效形式。

二、自我管理的特征

自我管理与其他管理活动相比,主要具有如下五个方面的重要特征:

(一)管理目的的差异性

管理活动是有意识、有目的的。目的即行为主体根据自身需要,借助意识和观念的中介作用,预先设想行为目标和结果。因而,这些目标构成管理的基础,管理的过程就是通过计划、组织、协调和控制等职能实现目标的过程。只有在明确的目标导向下,管理行为才具有可执行性,管理过程才能有依据,管理结果才会有价值。1954年,彼得·德鲁克(Peter F.Drucker)在其著作《管理实践》中最先提出了"目标管理"的概念,他认为,并不是有了工作才有目标,而是有了目标才能确定每个人的工作。人的使命和任务都必须转化为目标。目标管理以自我管理为中心,目标的实施由目标责任者自己进行,通过自我调控,不断修正自己的行为去实现目标。

总体来看,自我管理以最大化地利用自我潜能和自身的全部资源,达到和实现个人的全面发展及人生的意义和价值这一最终目标,和与之匹配的阶段性目标。但每个人都是有别于他人的独特个体,具有不同的生存环境和条件,不同的性格特征和潜能,不同的世界观、人生观、价值观,不同的心理品质,不同的综合素质,不同的学识和技能等。作为不同的自我管理主体,他们各自所追求的自我管理的长远目标和短期目标必然是各种各样、千差万别、具有显著差异性的。目标对自我管理有着巨大的导向作用,自我成就、自我实现、自我发展在很大程度上取决于具体目标是否合适、明确。目标设置是一种重要的激励方法,在企业生产中，目标设置是提高生产率的唯一高效率工具，也是使自我管理能够卓有成效进行的唯一高效率工具。不同的自我管理主体设置的具体目标不同，自我管理活动的努力方向就会不同。自我管理中，一切行动都是从方向开始的，所做的每一件事，都是完成特定目的的一个环节。把自己的行动与既定具体目标不断加以对照，行动的动机才会得到维持和加强，个人才会自觉地克服一切困难、努力达到目标。自我管理目的的差异性，导致自我管理努力的方向、程度、结果、效率等都出现差异性。对于不同的自我管理者而言，选择了不同的、具体的目标就可能会有不同的成就、不同的发展和不同的人生。

（二）管理角色的统一性

自我管理中的"自我"有两种含义：一种是作为实施管理行为并在一定程度上涉及潜意识活动的自我，另一种是作为管理对象或客体具有反身意识性质的自身或自我。前者是自我管理中作为管理主体的"我"即"主我"；后者是自我管理中作为管理客体的"我"，即在管理活动中把自己对象化后的"客我"。自我管理就是主我能动性地对客我进行体察和反思、调整和改造。从管理的主体看，自己是自我管理的主体，是开发自我宝藏的"厂长或经理"。你想成为工程师或企业家吗？你想成为教授或科学家吗？那么，你就是这些"产品"开发、生产和销售的"老板"，自己就是自己的管理者。从管理的客体和对象看，自己同时又成为管理和认识的对象。自我管理彻底改变了在社会管理、企业管理中的管理者与被管理者的对立——自己既是管理者又是管理对象，管理主体与管理客体的统一性是集中体现自我管理本质的最基本特征。

（三）管理工具的自有性

管理工具是管理的核心要素。好的管理工具对管理获得较高的效率能起到明显的推动作用。不同于其他管理以各种规章制度、各种管理标准体系、绩效考核等为主要管理工具，自我管理是以自我的心理品质、综合素质、时间、潜能等自身宝贵资源作为管理工具进行的。而这些管理工具都是唯有自己真正拥有，也是唯有自己能真正掌握和控制的。管理工具的自有性是自我管理区别于其他管理的显著特征。

（四）管理活动的自觉性

自我管理是个体自主、独立、自觉地从事和管理自己的实践行为与活动。由于自我管理是自己作为自己的管理者，将管理主体与客体都统一于"自我"，消除了管理者与被管理者的角色对立，因而自我管理形成了一个自加压、自运行的自觉系统，它是依靠一种自律精神，在自我意识层面上和自我认知作用下主动进行自我认识、自我调节、自我反省、自我反馈和自我控制，自觉完成各项具体管理任务的活动。因此，自我管理是不受外界各种压力和要求的直接影响，不由制度、他人意志等外力决定的自觉行动。

（五）管理过程的持续性

自我管理不是一次性的、间歇性的或偶然进行的，而是围绕人生的最终目标，贯穿人一生所有活动的持续性过程。因为，人们不断地进行着认识与改造客观世界、主观世界的实践活动，而自我管理作为人的社会实践的基本方式，存在于人的社会实践活动的始终。只要人的社会实践活动不停止，自我管理也就不会停止。一个自我管理过程的完结是另一个自我管理过程的开始，不断循环、周而复始，持续性地向自我管理的最终目标推进。

第二节　自我管理的意义

大学生实施自我管理既是大学生个人成长和发展的需要，也是我国高等教育中学生管理工作改革的要求，还是造就知识经济和高科技社会需要的高素质人才的重要措施。无论对当前，还是对未来，都有深刻的意义。

一、创造自我价值的有效手段

所谓价值，简单来说就是有用物对人的意义、重要性，或人对有用物的估价与评价。世界上最有价值的是人。人是物质价值和精神价值的创造者，当然也是物质价值和精神价值的享用者。社会要求每个人既是价值的创造者，又是价值的享受者。但是人要创造价值，就应具有自我价值，即具有满足社会物质需要和精神需要的条件和能力。

大学生要顺利就业，要为社会作出贡献，首要的问题就是要使自己有价值，并不断提升自我价值。

一个具有价值的大学生就要有知识、有能力，以及具有凝聚、启动并发挥这些知识和能力作用的、为社会创造价值的良好心理素质、道德素质、思想素质、政治素质以及身体素质。也可以说，一个大学生价值的大小，同其内在的文明素质有密切关系。一般来说，其思想品德和科学文化素质越高，其认识能力、创造能力就越强，其价值也就越高，可能创造的社会价值就越大。大学生价值的形成包含在求学期间其价值观和动机的确立、行为的选择、时间和心理的运用、信息与技能的获取和处理（包括知识学习和能力训练）、身体的调节以及校内社会工作的角色定位（主要指担任学生干部工作）等一系列活动之中。大学生的这些活动，构成了大学生价值形成的链条关系，我们称之为大学生价值形成链。

如同通常的管理是社会生产力发展和社会经济价值创造的有效工具一样，自我管理也是个人生产力和自我价值创造的有力手段和工具。这里所说的"个人生产力"是指每个人利用、开拓和改造自身内在资源（与外在资源相区别）的能力。通过自我管理，可以使价值形成链得以有效展开，使人格素质得到不断提高。或者说，通过自我管理，可以将内在的资源（如价值观、时间、心理、身体、行为、信息等）进行有效分配和整合，充分地开发个人的潜能，实现每个人的全面发展和创造更高的自我价值。

合理地管理自身的心理，将提高自身的认知水平，增强自身对情绪的控制力和意志力；合理地管理自我的时间，将加速个人发展的进程，创造更多的价值，实际上相当于延长了自身的生命；合理地管理自己的身体，将使自身变得更为强健和富有活力；合理地管理自身的信息和知识，将使自身变得更加聪明和博学；正确和合理地对自己校内的社会工作角色进行定位和管理，不但将使自己获得更多的管理知识和技能，还将有机会学会处理人际关系的正确方法；合理地管理自身的价值观、动机和行为，将使自己的每一项活动都成为一个有效的学习过程，一个使自我价值逐步增值、素质不断提高的过程。尤其重要的是，通过自我管理可以突破学历的价值定势，即使你是专科生，照样可以创造出本科生的或者研究生的价值甚至更高的价值。可以说，只要你有效地把握自我管理这一武器，对自我价值的创造是不受时间和空间限制的。

二、改革学生管理工作的重要途径

我国教育一直是以培养学生成为德、智、体、美等诸方面全面发展的人为目标，突出强调了人的全面发展。

关于人的全面发展，最基本的内容应包括两层含义。一是指唤醒人在进化过程中所获得的各种天赋潜能素质，使之获得最充分的发展和发挥。人在自然历史进程中所获得的这些潜能素质，是人在自身这一自然物中沉睡着的力量。它若得到开发，便会表现为人类特有的感觉能力、思维能力、情感、意志力以及体力。二是指人的对象性关系的全面形成和个人的社会关系的高度发展。在这里，人的对象性关系的全面形成就是指人通过其与世界的多种多样的关系，全面地展示自己本质的完满性。而个人的社会关系的高度发展，是指个人通过积极地参与各个领域、各个层次的社会交往，同无数其他的个人，也就是同整个世界的物质生产和精神生产进行普遍的交换，使个人摆脱个体的、地域的和民族的狭隘性。

从实现人的全面发展这一目标要求来看，高等学校的管理理念与人本管理的思想应是相通的，也可以说，贯彻人本管理思想是高等教育管理的应有之义。在高等教育管理体系中，大学生的自我管理应是最为核心的内容。它所起的作用主要体现在以下方面：

（一）对大学生个体实施自我管理符合当代大学生成长发展的规律

学生成长的动力是社会的进步对学生素质提出的更高要求与学生现有素质水平之间的矛盾，学生实施自我管理则是促使这一矛盾进行转化的重要手段。只有能被学生接受的管理才是有效的管理。自我管理既是学生能全身心投入的可接受的管理，也是学校管理工作有效性的集中表现。

实施自我管理也是符合当代大学生生理、心理发展特点和角色地位变化需求的。当代大学生的自我意识已经分化并逐渐成熟，他们在智力、道德和社会等方面都开始形成并发展成有一定深度的自我认识,具有一定的独立性和判断力,初步具备了探索世界的能力,产生了一种了解自我及努力使自己在德、智、体、美等各个方面获得提高和发展的强烈要求。这种强烈的自我意识和自我发展的要求,是当代大学生进行自我管理的重要思想和心理基础,也是实施自我管理的内在依据。

从现实角色看,从中学生变成了大学生,意味着从家长的"保护伞"下走出来,从教师的严格督导下相对地独立出来。可以说大学生已经从依附父母、依附教师,转化为驾驭和把握自己的人生,开始获得了相对独立的地位,是一个相对独立的生活角色。大学期间在价值观、时间、心理、信息、行为、财物等学习生活的各个方面,主要靠自己来打理。在这种情况下,要使自己在大学学有所获、学有所长,就必须对自己各方面进行自我筹划与管理,即自我管理。也就是说,大学生已具有相对独立的角色地位以及相应的支配权,已具备了实施自我管理的前提条件。

(二)对大学生群体组织实施自我管理是实现大学生个体全面发展的需要

人是社会关系的总和,大学生要实施自我管理,实现个人发展目标,离不开集体的力量。正如无产阶级精神领袖马克思指出,只有在集体中,个人才能获得全面发展其才能的手段,也就是说,只有在集体中才可能有个人的自由。这就意味着在健康的大学生群体中对学生个体实施自我管理计划将发挥重要的作用。但是要形成健康向上的集体,离不开有效的团体组织,尤其是团体组织的共同价值观和理想信念是影响大学生自我管理计划实现的主要因素。一个奋发向上、积极进取、勤奋学习的团队,有利于激发各个成员的积极性、主动性和创造性,使每个成员能自觉地将聪明才智贡献给团体,与此同时,也使自身的才能和个性获得更全面的发展。因此,在学生管理工作中,强化学生团体组织的自我管理是至关重要的。

(三)有效的学校制度管理是学生个体和群体自我管理目标实现的重要保障

学生要顺利实施自我管理计划还必须具有良好的教学和生活秩序。为此,学校的学生管理必须把学生(包括个体和群体)行为自我管理与学校的制度管理结合起来，强化学校的制度管理，从而为学生自我管理计划的顺利实施提供保障和支撑。要发挥规章制度对学生自我管理的引导、约束、奖励功能，使学生良好的自我管理行为得到应有的保护和发扬，不良的自我管理行为得到抑制和纠正。学校的制度管理包括对制度的制定、修改、实施、监督、控制和效绩评价，它是学校管理的基础。

事实上，大学生自我管理的行为可能产生于以下三种态度：

其一是在学校严格制度管理下的服从态度。这是一种并非出于自己意愿，而是在外界精神或物质压力的推动下所形成的态度，比如学校舆论、校规校纪、奖惩手段等规范、制度，都可能使学生产生不得不服从的态度。

其二是置身于严于律己的集体氛围中的认同（或者说同化）态度。所谓认同（同化）就是自愿地接受周围群体的感染并采取与他人要求相一致的态度。这种态度和行为依赖于环境的影响。

其三是自己把某种思想观念完全纳入个人的价值体系之中的内化态度。这种态度和行为完全发自内心，相对稳定，能持久发挥作用。

要实现高校学生管理工作的理想目标，应大力倡导第三种自我管理的态度。大学生应把报效社会、服务大众的远大志向作为人生的目标，并把这种观念和认知转化为内在的情感，又在行动中努力贯彻，最终成为自觉的行为。当然，由于学生素质的差异，不能否认学生基于服从和认同态度所产生自我管理行为的意义和作用。为此，我们必须一方面强化学校制度的制定、管理和学生群体文化环境的建设（学生群体组织的自我管理），期望获得学生们基于服从和认同态度而产生自我管理行为；另一方面积极引导学生们用学校的规范来约束自己，主动汲取集体的价值观念，控制和调整自己的行为，也就是必须大力培养学生具有与社会发展要求相一致的高级情感，逐步形成最有利于自我管理的内化态度。

大学生实施自我管理符合我国高等教育强化素质教育的改革方向。目前，我国高等教育改革的方向就是强化素质教育。其中主要内容之一就是培养大学生"自主学习、自我教育和自求发展"的能力。但是，这些能力的发展是以大学生自我管理能力的发展为基础和前提的。或者说无论是自主学习、自我教育还是自我发展目标的实现，都应以自我计划、自我组织和自我控制为基本途径。

三、知识经济的要求

大学生实施自我管理不仅具有重要的现实意义,而且具有深刻的长远意义。21世纪将是知识经济的时代,知识经济呼唤自我管理,这是由知识经济的特征所决定的。

知识经济社会的最根本特征就是知识成为社会生产力运动中起决定作用的力量。从质的规定性看,社会生产力将从物质生产力提升到知识生产力;从量的规定性看,社会生产力的生产资料将从有限的物质资料提升到无限的知识资源;从生产力的结构看,劳动资料、劳动对象与劳动者将从三者分立提升到三者相互融合甚至融为一体。知识经济时代生产手段(人的知识、智能)与劳动力实现了一体化,必然导致生产(工作)及其组织方式的变革,使生产(工作)及其组织趋向分散化,尤其是信息网络技术的发展为这种生产及其方式的实施提供了可能。个人可以在家里从事和完成本来必须到企业或工厂、车间、办公室才能从事和完成的工作。人们将从互联网上获取劳动对象——知识和信息,并利用劳动工具——个人的智慧和创造性思维,去创造新知识。在知识经济社会中,生产(工作)分散化的组织方式对人们的自我管理能力提出了更高要求。因此,对未来知识经济社会的主力军——大学生,加强自我管理能力的训练就显得更加重要了。

知识经济社会的另一个重要特征就是科学技术的飞速发展。科技的快速发展必然使新兴产业大量兴起,这将为人们提供更加广阔的就业环境和施展才能的空间,但同时意味着传统产业因衰退而需改造,有一批旧职业将被淘汰。"一张文凭,一项职业技能,终身享用"在知识经济社会里将不复存在。美国教育总署认为,对20世纪90年代的学生来讲,他们中间50%的人将从事今天尚不存在的职业。因此,由于科技的迅速发展,知识经济社会对终身教育以及实现终身教育的能力提出了更紧迫的要求。

正如联合国教育、科学及文化组织出版的教育丛书《教育——财富蕴藏其中》一书所指出:"下一个世纪将为信息的流通和储存以及为传播提供前所未有的手段,……每个人在人生之初积累的知识,尔后就可以无限期地加以利用,这实际上已经不够了。他必须有能力在自己的一生中抓住和利用各种机会,去更新、深化和进一步充实最初获得的知识,使自己适应不断变革的世界,为了与其整个使命相适应,教育应围绕四种基本学习加以安排,可以说,这四种学习将是每个人一生的知识支柱:学会认知,即获取理解的手段;学会做事,以便能够对自己所处的环境产生影响;学会共同生活,以便与他人一道参与人的所有活动,并在这些活动中进行合作;最后是学会生存,这是前三种学习成果的主要表现形式。"如果最初的教育提供了有助于终身继续在工作之中和工作之外学习的动力和基础,那么就可以认为这种教育是成功的。但是,无论是终身教育,还是上述所说的四种学习能力的获得,都是以学会自我管理为前提的。大学教育应该为接受新教育打好基础,不仅要打好智育的基础,更重要的是要打好德育的基础。其中最核心的,是要打好自我管理的基础。

第三节 德克鲁的自我管理理论

彼得·德鲁克的论著被译成30多种语言,传播并影响了130多个国家。德鲁克曾经说过:"在知识经济时代,成功属于那些善于自我管理的人。"[1]自我管理是21世纪的管理挑战之一。然而,面对大学生在自我管理的现状,探究德鲁克自我管理的哲学思想在大学生管理中的应用,无论是从理论层面看还是从实践角度看都具有重要意义。因此,本节主要介绍德鲁克的自我管理理论。

一、德鲁克及其自我管理思想

在管理思想史中,德鲁克是一个伟大的、不朽的名字,他在现代管理学研究方面所达到的高度令人惊叹不已,他的一生就是自我管理的成功典范。

彼得·德鲁克于1909年出生于前奥匈帝国首都维也纳的一个贵族家庭,先后在奥地利和德国接受教育;1931年获法兰克福大学国际法博士学位;1937年与多丽丝结婚并移居美国;2005年11月11日在加州克莱蒙特的家中溘然长逝,

---

[1] 张秀芳. 成功从管理开始[J]. 优越生活,2001,(6):23.

享年95岁。德鲁克终身以教书、著书和咨询为业。在美国，德鲁克曾担任由美国银行和保险公司组成的财团的经济学者，以及美国通用汽车公司和克莱斯勒公司、IBM公司等大企业的顾问，美国佛蒙特州本宁顿学院的政治和哲学教授、纽约大学商学院管理学教授。1945年，德鲁克创办了德鲁克管理咨询公司，自任董事长。

德鲁克的一生为世人留下了颇为宝贵的财富。他曾连续20年每月为《华尔街日报》撰写专栏文章，一生在《哈佛商业评论》发表38篇文章，其中有7篇获得了"麦肯锡奖"。他一生出版了39部著作，其中包括《公司的概念》《管理的实践》《卓有成效的管理者》《管理：使命、责任、实务》《21世纪的管理挑战》等。这些著作和论文被翻译成30多种语言，在世界各地广为传播，对现代企业的组织及管理产生了重要的影响。

德鲁克特殊的家庭背景、传奇式的经历、渊博的学识以及睿智的才思，使其在政治、法律、社会、管理、历史等多个学科领域都留下了精辟的见解和耐人寻味的启示。德鲁克童年的经历以及他所处的社会背景也是成就他事业的重要因素。德鲁克提出了自我管理的哲学思想，他本人亦是自我管理的杰出实践者。从一定意义上说，正是由于战争和童年的记忆，德鲁克逐渐认识到了组织与自我管理的价值。"一战"结束后的1919—1920年的那个寒冬，正是整个世界在饥饿死亡边缘挣扎的时代，德鲁克第一次发现了组织的力量。当时，美国总统胡佛推动成立的救济组织每天都为欧洲许多学校免费提供午餐，在整个欧洲大陆，包括德鲁克在内的数百万饥饿儿童的性命都是被这个组织拯救的。这一组织发挥出来的巨大作用，让幼年的他认识到人类创造力发挥的真正根源。在那段日子里，德鲁克也从小学四年级的老师艾尔莎小姐那里学会了对自己学习过程的绩效管理。艾尔莎小姐发给他一本笔记簿，要求他把一周内自己想要学会的东西都记录下来，到周末时再与实际学习成果做对比。这个从自己的学习开始的自我管理，最后成为德鲁克终身倡导的自我管理。

德鲁克认为，每个人都是管理者，管理的本质就是自我管理。在德鲁克早期的著作中，提到目标管理和自我控制，事实上，他所倡导的目标管理方法也反映了自我管理的思想。目标管理指的是在组织中，高层领导者与基层员工共同参与企业目标的建立,然后组织成员按照目标体系要求自觉完成目标并接受考评。目标管理的精髓就是由员工参与制定目标体系,通过自我控制和自我管理达成目标。德鲁克早期的生活环境以及他的目标管理理论,成了他自我管理的哲学思想的实践和理论来源。

二、德鲁克自我管理思想的主要内容

研究德鲁克管理哲学的思想体系,就要从他的愿景破题,他的思想体系是从社会的全局观和人类的整体观切入的。德鲁克一生怀有"对人类终极的关怀"以实现"自由而有功能的社会"的愿景,他投入毕生的心血坚持做"对的事情"。

德鲁克以冷静而孤僻的旁观者身份,加上开明而务实的保守性格,基于他"管理的哲学思想",提出一套简单、清晰、具体、可操作的经营理念。德鲁克的思想理念既务实又充分重视人的诉求,系统且有条理地来贯彻落实"自由而有功能的社会"目标。通过仔细研读德鲁克的作品,耐心品味其中的思想,现将德鲁克管理哲学思想分以下三部分阐述:

第一,以人为本的管理本体论。德鲁克的人本管理思想贯穿于他多部著作中,重视人的作用、关注人的发展充分体现了他以人为本的管理本体论思想。德鲁克人本管理思想的确立,主要归功于两个人的历史贡献:一位是现代组织理论的奠基人切斯特·巴纳德,另一位是人本主义心理学之父亚伯拉罕·马斯洛。德鲁克分析,在西方工业革命后,工作和劳动力自身都发生了很大变化,"对人的管理"不应当以一个"成本中心"和"问题"来看待。"你雇佣的不是一个人的手,而是整个人"是德鲁克引用的一句经典老话,足以证明他对人能力的肯定。德鲁克说"人是我们最大的资产","管理人员必须把同他一起工作的人员看成他自己的资源。他必须从这些人员中寻求有关他自己的职务的指导。他必须要求这些人员把下述事件看成自己的责任,就是帮助他们的管理人员能更好地、更有效地做好自己的工作"。[①] 从德鲁克思想发展脉络看,他的研究不是"只见树木不见森林",也不是"只见森林不见树木"的学究式研究。从早期关注工人阶层的实际问题,

---

① 彼得·德鲁克. 管理——任务、责任、实践 [M]. 孙耀君,译. 北京:中国社会科学出版社,1987:319.

希望组织不要把工人视为机器的延伸,并赋予其身份和地位;到后来他关注企业中的知识劳动价值和知识劳动者的特性;并最终发展了巴纳德和马斯洛的人本思想,将以人为本的思想渗透到组织的方方面面。

第二,以自我控制为主的目标管理论。目标管理的概念是德鲁克最早明确提出来的,也是在他管理哲学思想中非常重要的内容之一。德鲁克的目标管理内容是使管理者和职工在有效的自我控制下达到更高的绩效目标。"目标管理与自我控制"可以称为一种管理的哲学,使得劳动者以公众为目标,以更严格、更准确、更有效的内在控制取代外部强制;同时还激励每一位劳动者,不是因为某人要求或劝说,而是为了自己的目标、自我价值的实现而努力。德鲁克的目标管理使得员工在工作中逐渐发现个人的兴趣,并不断实现自我的价值,而且在员工自我实现的同时也实现了组织的目标。2002年,美国总统乔治·W.布什在授予彼得·德鲁克年度"总统自由勋章"时曾说过,目标管理是德鲁克的三大贡献之一。

第三,以创新为核心的管理实践论。德鲁克管理学思想的核心在于"实践",他的研究目的、思想话语和研究方法论都带有强烈的实践性。德鲁克说过:"管理是一种实践,其本质不在于'知'而在于'行';其验证不在于逻辑,而在于成果;其唯一的权威就是成就。"[1]在德鲁克看来,管理从实践中产生,又以实践为归宿。但实践不是一成不变的,实践过程需要不断地创新。同时他认为创新就是赋予资源以新的创造财富的能力。他强调指出,创新不是一个单纯的技术概念,而是一个经济和社会术语,是当社会、经济及技术方面发生变化时,对于这种变化所带来的机会的系统运用。新是一种精神,同时也是一种行动。创新如果仅局限于观念和制度层面,没有转化为具体的行动和结果,那创新就没有任何价值和意义可谈。创新就是为了更好地指导实践,这也是在德鲁克管理哲学中重要的思想之一。

在《21世纪的管理挑战》一书中,德鲁克系统阐述了自我管理的思想,其中包括以下方面:我的优势是什么?我如何做事?我属于哪里?我能作出什么样的贡献?……作者将自我管理思想总结归纳分为以下三方面:有效的自我管理与有效地完成任务,有效的自我管理与责任,有效的自我管理与管理实践。

---

[1] 陶俐言. 项目管理[M]. 西安:西安电子科技大学出版社,2020:15.

（一）有效的自我管理与有效地完成任务

德鲁克认为，管理者是否可以管理好别人无法得到确切的验证，但管理者是完全可以做到自我管理的。做到有效的自我管理，需要认清个人优势、明确个人表现方式、了解自己的价值观念、清楚自己的归属，这样，在工作之中，才能扬长避短、做适合自己的选择，这四点是有效地完成任务的先决条件。

认清个人优势。要管理好自己的先决条件就是认识自己的长处和强项。在工作之中，人们往往关注自己的缺点而忽视个人优势。事实上，创造绩效的员工正是依靠自己的优势取胜的。德鲁克建议使用反馈分析法来认清自己的强项。无论作出什么样的关键决策，采取什么关键措施，我们都要写下我们希望看到的结果。9~12个月以后，我们就可以将实际的结果与预期的结果进行对比。再坚持一段时间，也许是两三个月，也可能是两三年，人们会逐渐明晰自身的优点与缺点。

明确个人表现方式。理解自己表现的方式方法也是获得成功的关键。每个人在表现方面都不尽相同，因此，理解自己表现的独特方式和方法亦至关重要。简而言之，自己是一个善于思考的人，还是一个照本宣科的人。了解自己的表现方式的第二个要点是如何学习，选择擅长的方式进行学习。

了解自己的价值观念。管理好自己还需要知道"我的价值观是什么"这一问题，这是一个"镜像检验"问题。当早晨照镜子的时候，希望看到一个什么样的自己？要在组织中发挥应有的作用，我们的价值观应与组织的价值观保持一致；如果不完全一致，我们设法与组织的价值观接近，这样才可以与组织和谐共处。否则，不仅仅个人会遭受严重挫折，想要创造优异的成绩也会非常困难。

清楚自己的归属。在回答"我究竟归属哪里"这一问题前，需要先弄清自己的强项、表现和价值观，这实质上是对自我人生目标的管理。工作中需要有合理的计划，当机会来临时，事业的成功也悄然走近。因为个人的优势强项，所以工作方法以及价值观念是可以被尽早发现并不断完善的。知道自己的归属，会更大程度地发挥个人的潜能，并使事业逐步走向成功。

（二）有效的自我管理与责任

责任可以理解为个人应尽的义务、应承担的过失。德鲁克在《自我管理》一书中说:"责任是关键。个人发展的最大责任人是个人自己,而不是其上司。"在工作之中,每个人都要为自己负责,同时也要有维系人际关系的责任。

对自己负责,就要学会尊重、包容、善待周围的人与物,做好自己该做的每一件事,承担自己应负的责任。只有对自己负责,才有可能对他人、对社会、对国家负责。

在工作之中,大多数人都需要与他人共事。只有通过与他人合作,才能提升效率。因此,维系人际关系的责任是进行有效的自我管理的又一关键所在。德鲁克所说的维系人际关系的责任主要有两层含义。其一,我们要提升效率,我们需要了解与我们共事的人的优势、做事方式和价值观。深入了解同事的优点、表现和价值观,这对于提高工作效率至关重要。其二,要自己管理自己和提升效率,我们要做的第二件事是承担沟通的责任。在我们清楚自身优点、表现、价值观和所能作出的贡献后,我们必须将这些信息传递给工作中我们需要依赖的人以及需要依赖我们的人。在公司里,无论是下属还是上司,每个人都需要面对各种各样的关系、承担相应的责任,在对绩效评估时,也应该考虑对这种责任进行有效评估。

有效的管理者在做决策时,需要对决策承担责任,而责任感的产生与其人生观、社会意识以及社会价值观直接相关,这与管理者的自我管理能力密不可分。有效的自我管理会促使管理者主动承担责任,无效的自我管理则很有可能使其推卸责任。

(三)有效的自我管理与管理实践

实践是德鲁克管理学思想的核心,他的研究目的、思想话语和研究方法论都带有强烈的实践性,关于自我管理思想也不例外。在自我管理思想中,管理实践主要从时间管理、创新管理和职业生涯三方面体现。

时间管理。德鲁克认为,讲究效能的知识劳动者并不是从任务着手,而是把安排自己的时间作为切入点,也不是从制订计划开始,而是着手查明自己时间的实际去处。时间是一种独特的资源,没有人能够借贷、买卖时间,也没有人可以通过其他途径获得时间,时间的供给完全缺乏弹性。无论对时间的需求有多大,时间的供给都是不会增加的。因此，要善于使用和管理有限的时间。德鲁克说过，时间的使用要通过实践来改善。德鲁克指导我们对时间的管理主要分为以下三个流程：对时间的去处进行记录，对时间进行管理，对时间进行整合。

创新管理。创新的本质是能带来新价值的实践，德鲁克认为，"创新行动赋予资源一种新的能力，使它能够创造财富。事实上，创新本身创造了资源"。创新是能带来新价值的实践，德鲁克论述了创新的三个前提条件和五"要"、三"不要"原则。三个前提条件是：创新需要知识、劳动者和独创性三者结合；创新要依靠自己的长处；创新必须紧贴市场和瞄准市场。五"要"原则为：系统、明确的创新要从分析机会开始，找寻"创新机会来源"；要走出去多看、多问、多听；创新要简单，用途单一，才能富有成效；开始规模要小，盯住一个特定目标，不要声势浩大；成功地创新其目标就是要取得领先，不求大。①三"不要"原则是：不要自作聪明；不要四面出击，一心多用；不要为未来而创新，而要为现在创新。②

职业生涯。在《管理的实践》一书中，德鲁克提出了三个经典问题：我们的事业是什么？我们的事业将是什么？我们的事业究竟应该是什么？这是一个有关职业生涯的话题。德鲁克告诉我们，在现代社会，个人的工作寿命可以超过组织的寿命。当一个人已经连续工作了20年或25年的时候，对现在的职业状况可能会感到厌倦，这将面临中年危机。但事实上还需面对另外15～25年的工作，这一时间段是我们开创第二事业的绝好时机，这可能是我们成为领导者、受人尊敬和获得成功的机会。自我管理意味着越来越多的知识劳动者应尽早发展第二事业。在知识社会里，人人都渴望成功，但对于很多人而言，最多是免于失败，因为有成功，就会有失败。因此，找到一个能使自己有所作为、与众不同的第二事业是职业生涯中至关重要的大事。

三、德鲁克自我管理思想的合理性

德鲁克的自我管理思想是在一定历史条件下产生并不断发展完善的，符合马

---

① 彼得·德鲁克. 个人的管理 [M]. 沈国华，译. 上海：上海财经大学出版社，2003：248-254.
② 同①.

克思主义哲学的基本要求,并具有很强的应用价值,也一定能够接受历史的考验,成为管理的新范式。

德鲁克自我管理哲学思想体现了马克思主义的自由观。自由——人类发展的最高追求,渴望自由构成了人类孜孜以求的梦想。在克服旧唯物论和唯心主义片面性的基础上,马克思主义哲学提出了科学的自由观。

首先,自由是人的主动性与被动性的统一。"人不是由于有逃避某种事物的消极力量,而是由于有表现本身的真正个性的积极力量才得到自由。"[①] 人作为自然、社会的存在物,其生命活动无疑要受到自然、社会等条件的制约和限制,但同时人又是具有主观能动性的,是二者的统一体。

其次,自由体现了必然性与偶然性的统一。必然性是事物发展过程中不可避免的趋势,偶然性则是事物发展过程中的一种可能趋势。必然性实现的具体形式与途径是各种各样的,要通过大量的偶然性表现出来,人只有在必然性提供的范围内进行选择才有自由。正如恩格斯所说:"只有本身包含着必然性的那种自由才是真正的自由,而且,这种自由是真理,是必然性的合乎理性"。[②]

最后,自由体现了个人与社会的统一。人们每次都不是在他们关于人的理想所决定和容许的范围之内取得自由的,而是在现有的生产力所决定和容许的范围之内取得自由的。因此,自由并不是随心所欲,而是特定社会历史条件下的产物,是历史的、具体的。社会是人的社会,人是社会的人,个人要在社会中获得自由,应坚持个人与社会、个人与国家的统一,这是人获得自由的必要条件。自我管理作为一种主体性的实践活动,体现了人追求自由所具有的自觉和自愿的主体价值,实现了人的权利意识。人的自我管理需要一定的自由空间,这样才能在自己的岗位上学会自我选择、自我控制、自我调节,发挥主体性,实现主体价值。

德鲁克自我管理的思想体现了人的主体价值的实现。管理从根本上说是人的管理和对人的管理,体现了人类在认识世界、改造世界过程中的一种价值追求。"管理活动作为人类社会生活中最基本的实践活动之一,不仅涉及实现组织目标的方法、手段、途径等科学问题,而且是一个关涉人的价值、价值观念、人生意

---

① 马克思,恩格斯. 马克思恩格斯全集:第2卷[M]. 北京:人民出版社,1995:167.
② 马克思,恩格斯. 马克思恩格斯全集:第41卷[M]. 北京:人民出版社,1982:264.

义、对人的认识与理解和如何实现人生价值的哲学问题,更是关涉每个人在有限的生命过程中生存、发展与实现自我价值的问题。"[1] 自我管理以人的主体性为基础,既是人的主体性发展的内在要求,亦是人的主体价值的实现形式。通过自我管理,每个人都可以积极主动地完成工作,并在工作中发挥个人的聪明才智和创造性。自我管理的过程是最大限度地发挥自身潜能的过程也是全面实现人的主体价值的过程。

四、德鲁克自我管理思想的价值性

德鲁克认为,每家企业都拥有各类掌握不同技能和知识的员工,他们从事着各不相同的工作,这些工作需要员工互相交流和各自承担责任才能得以完成。这种责任感与自我管理相辅相成,互相促进发展。有效的自我管理会促进管理者主动承担责任,无效的自我管理则很有可能使其推卸责任。

由此可知,自由选择与责任担当是密切联系的。在知识经济时代,人的自我管理一方面表现为人发挥自由性和创造性的潜能,另一方面也要承担相应的社会责任,这样作为人的主体价值才能得到发挥。

第一,有效的自我管理是时代发展的需要。在知识经济时代,人的主体性获得了前所未有的发展,主体精神得以弘扬、主体价值得到实现。知识经济时代的自我管理,彰显了人的主体性,人们享有自我管理、自我完善、自我发展的自主性和能动性。然而,真正的自由并不是随心所欲、为所欲为,在享受自由与权利的同时也需要承担相应的责任与义务。人的社会性超越了低等动物趋利避害的本能,使得人有责任感、情义和使命。因此,在社会生活中,人必须为自己的行为承担相应的责任。

第二,有效的自我管理是人的全面发展的需要。人的全面发展是马克思主义哲学的终极关怀,这是建立在人的需要得以满足、人的个性自由发展、人的社会关系和谐进步基础之上的。从马克思有关人的全面发展的思想中,我们认识到,人的全面发展事实上就是每个人在活动、能力、社会关系等方面,全面、自由而充分的发展。西方马克思主义者弗罗姆说:"人只有充分表现了自己,当他充分利

---

[1] 余涌. 中国应用伦理学[M]. 北京:中央编译出版社,2002:277.

用了他自己的能量时，人才会生存。如果他不这样做，如果他的生活只是由占有和使用而不是由生存构成，那么，他就是退化的；他变成了一件东西，他的生命就无意义了。"[1] 没有个人的自我管理与自我实现，个人被封闭在一定的条条框框里，就永远是自在的存在物，而不可能成为自为的存在物。只有自为的存在物才能在不断创造的过程中，总结过去、立足现实、展望未来，才能实现人的全面发展。人类生存和发展的过程，事实上就是每个人通过有效的自我管理来改造自然界、人类社会以及个人能力的过程，最终满足自己发展的需要。

第三，有效的自我管理是构建和谐社会的需要。从社会学角度看，和谐社会就是良性运行的社会。实现和谐社会需要四个条件：一是社会的管理控制体系能够发挥作用，二是文化中的核心价值观念有凝聚力，三是不同利益群体的需要能够得到满足，四是社会成员具有流动的途径。从上述可知，社会学对和谐社会的探讨主要从宏观领域展开，这是必要的，但不是全部。和谐社会的实现除宏观领域外，也离不开微观机制的研究，或者说，和谐社会就存在于个人自我管理与社会管理的有机统一中。这两种管理缺少任何一个，和谐社会都无法实现。有效的自我管理对社会的物质文明、政治文明以及精神文明都有积极的意义，自我管理的社会价值不只体现在对各领域的促进上，还体现在对整个社会的整合上。

五、德鲁克自我管理思想的启迪性

德鲁克自我管理的哲学思想与大学生思想政治教育理念可以说有一脉相通之处，都是期冀从世界观、人生观、价值观角度，管理与发展自我；从充分地了解自我、发现自我优势出发，培养有责任担当、有历史使命的社会主义接班人；把衡量个人贡献大小作为评价其社会价值的标准。德鲁克的自我管理思想更是给思想政治教育提供了新的方法与借鉴经验，可以弥补现有思想政治教育工作中的很多不足。下面将重点探讨德鲁克自我管理哲学思想给大学生自我管理提供的新视角、新方法：

---

[1] 张秋. 中产阶级的审慎魅力 世界电影大师的中产影像[M]. 南昌：江西教育出版社, 2010：59.

（一）充分了解自我

唯物辩证法认为，事物的发展是内外因共同作用的结果。内因是事物变化发展的根据，外因是事物变化发展的条件，外因通过内因而起作用。这告诉我们，观察事物、分析问题不能忽略内因的重要作用。大学生通过对自我的充分了解，才能逐渐完善自我意识，并通过自我意识建立主体意识。"大学生的主体意识包括主动性、自主性、理智性、创造性，只有大学生的主体意识得到了有效激发，大学生才能够更加愿意并乐于投入自我管理之中。"[1]扬长避短，自我优化。德鲁克在自我管理思想中首先提出的就是弄清"我是谁""我的优势是什么"的问题。大学生提高自我管理能力，也要从充分地了解自我入手，要做到了解自身的长处、了解自我的归属、了解自我的目标。

对于大学生而言，想要实现自己的梦想，做好自我管理是相当重要的一环，其中就包括认识自己的优缺点，特别是发现自身优点和长处，因为只有从自己的优势和长处出发，扬长避短，才能够把工作做好。换句话说，只去做自己最擅长的事。一个人如果能按照自己最擅长的方式去做自己最擅长的事情，就可能取得成功。德鲁克提出的反馈分析法让我们了解自身长处，这一方法在前文中已具体阐述，即在我们做决策、采取措施前，先把希望看到的结果写下来，在之后的一年中，将实际结果与预期进行对比，用这种简单的方法坚持两三年时间，就能明晰个人的优点与缺点。大学生在学习、工作、生活中可以采用反馈分析法，逐渐发现自己不具有的优势和不能涉足的领域，集中精力发挥个人的优势，并通过学习和实践不断增强个人优势。同时明确什么是不要做的事情，在改进弱点上，可以尽可能少地浪费精力。

（二）要对自己负责

"对自己负责"与其说是一个管理哲学观念，不如说是一个伦理学观念，是自我道德、自我伦理在自我管理上的体现。德鲁克曾说："重视自己的责任我们就能够更加看重自己。这既不是虚荣也不是骄傲，而是自尊和自信。"大学生在走

---

[1] 陈大勇. 思想政治教育中大学生自我管理策略[J]. 沈阳师范大学学报（社会科学版），2013, 37（6）: 2.

向成功的路上，一定要学会有效地自我管理。因为，大学生要对自己负责，就要确立合理的价值观念、懂得自己应该贡献什么、为自己的成长负起责任。

自我管理是"通过自我设计、自我学习、自我协调与自我控制等过程，实现个体自我价值和全面发展的行为，包括自我学习管理、自我时间管理、自我行为管理和自我心理管理"。[①] 价值观是一个人的人生追求，是选择有意义、有价值的人生的导航。价值观是人生理想和经验的过滤器，决定了什么对我们而言是最重要的，什么又是不重要的；什么是我们最看重和最珍惜的，什么是不屑一顾的。当我们知晓自己的价值观，那就要让自己的价值观尽量与组织匹配，以实现共同发展。要树立合理的价值观，德鲁克教授我们使用"镜像检验法"，当我们每天早晨照镜子时，希望看到镜子里是什么类型的人。人生快乐的源泉是按照自己的价值标准过日子，我们的幸福指数取决于所作所为是否偏离了自己的信念。大学生选择工作是为了有更多的学习发展空间，还是为了获得更多的报酬与金钱，抑或是为了面对挑战、发挥个人潜能，也许还是为了享有更多闲暇时间、娱乐身心等。价值取向不同，人生选择就会各异，不同的价值观造就了不同的人生道路。大学生确立合理的价值观念，先要明确自己以什么为重心，明确人生的真正追求。

（三）提高自我管理效能

依据唯物史观基本原理，提高自我管理效能的过程，是人类自我认知、自我调控、自我改造的过程，也是人类获得自身解放的过程。对当代大学生而言，自我管理是一项艰巨的任务。真正地学会管理自己，还需要切实提高自我管理效能。根据德鲁克自我管理的哲学思想，提高大学生自我管理效能，要从学习如何学习、进行卓有成效的沟通和作有效的人生决策三个方面努力。

第一，学习如何学习。要帮助大学生学习"如何学习"，需要明确应该"如何学习"。汇总德鲁克自我管理的思想，作者将如何学习的途径分为：发现适合自己的学习方式、有效管理时间、培养学习创新精神、正确利用网络资源。德鲁克在《21世纪的管理挑战》中提到"学习的方式多种多样，有人通过记大量笔记学习，有人通过让别人聆听自己说话进行学习，有人通过协作学习，有人边做事

---

① 王玉生. 德鲁克对人性的洞察及其对社会管理的启示［J］. 广西社会主义学院学报，2011（2）：78.

边学习"。可见,学习的方式多种多样,那究竟哪一种学习方式适合自己,这需要大学生在漫长的学习生涯中总结发现并坚持下去。找寻适合自己的学习方式,才能使学习效率不断提高,才能提升职业竞争力。德鲁克说"所有讲究效能的人士都会对时间管理常抓不懈。他们不但会坚持不间断地做记录,定期对自己的日程安排进行分析,而且会根据自己对可酌情支配时间的判断,自己规定重要工作的最后完成期限"。[①] 德鲁克的理念启示我们,要有效地管理时间,需要知道我们的时间都去哪了,通过对时间的记录可实现这一目标;对记录的时间去向定期分析,消除浪费时间的因素;对时间进行整合,把有限的时间用在最有意义、最有贡献的重要任务上。大学生现阶段进行时间管理,可以重点采用"日清管理法",属于当天的目标和计划,绝不允许拖到第二天完成,当日事当日毕、日清日高。大学生学会学习,要从有效地管理时间做起,珍惜时间就是珍惜生命。在《个人的管理》中,德鲁克告诉我们"创新是无法复制的,也不能传授和学习"。[②] 没有学习力就没有生命力,没有学习力就没有竞争力,所以大学生想要使自己富有竞争力,那必然要学会学习。学会学习,也是为了创新。大学生要想成就卓越、出彩的人生,创新思维的培养必不可少。创新源于生活中的细致观察、点滴发现,大学生培养创新思维可以经常多问自己几个"为什么",大声说出自己的想法,随时记录创新的灵感,换一种角度看问题。当今社会处于信息爆炸的时代,互联网以其无与伦比的优势影响着人们的学习、工作、生活,处于时代前沿的大学生也难以抵御网络的强大诱惑。德鲁克的《下一个社会的管理》一书在10多年前就预见了网络信息时代的到来,同时精准而深刻地提出了互联网给人类社会带来的冲击。互联网凭借其虚拟性、即时性、交互性等优点契合了大学生的需求,并潜移默化地影响着大学生的思想认知、道德情感、行为习惯。大学生要发挥互联网的优势,善于利用网络学习,同时增强自我保护意识。

第二,进行卓有成效的沟通。德鲁克在《个人的管理》一书中告诉我们卓有成效的沟通的重要性,以及有效沟通的四个基本原理:沟通就是感知、沟通就是期望、沟通需要一定的条件、沟通不同于信息传递。沟通是人生活在这个社会上

---

① 彼得·德鲁克. 个人的管理 [M]. 沈国华, 译. 上海: 上海财经大学出版社, 2003: 175-176.
② 彼得·德鲁克. 个人的管理 [M]. 沈国华, 译. 上海: 上海财经大学出版社, 2003: 248.

所应具备的基本能力，沟通并不仅仅依靠语言来表达，还需要依靠表情、手势、眼神等肢体语言的辅助。良好的沟通是表达自己思想和情感的合理渠道，是获得别人理解与支持的有效方式，是建立良好人际关系的关键所在。大学生提高自我管理的效能，也要重视沟通的作用和方式。大学生如何做到有效沟通？有效沟通的关键一是有效表达。有效的表达就是在合适的时间、适宜的场合，通过有效的信息发送方式，将准确的沟通内容传递给沟通的对象，以上五方面因素都必须兼顾。二是用心倾听。用心倾听要做到换位思考、理解对方的思想与感受。用心倾听要给予对方足够的尊重，全神贯注地听，并保持视线接触。用心倾听要让对方知道你在听，同时给予适当的回应。三是积极反馈。反馈要针对对方的需求，可以是正面反馈，抑或建设性反馈，反馈要就事论事，不伤害对方的人格尊严。大学生谨记以上三点法宝，才能在领导、同事、下属间游刃有余，建立良好的人际关系。

第三，作出有效的人生决策。在《个人的管理》中，德鲁克详细讲述了有效决策。比如，"讲究效能的人士不会同时进行多项决策，而是集中精力于重要的决策。"又如，"讲究效能的人心里明白什么时候决策应该基于原则，什么时候决策要讲究实际价值和实用效果。"德鲁克关于有效决策的理论对青年大学生很是受用，大学生应该养成善于思考、理性选择的习惯。古人推崇"凡事谋定而后动"也是这个道理，"谋"就是我们说的科学的决策。大学生若要提高决策的精准性，需要做到以下几点：第一，充分了解情况，要有一种"我能行"的自信；第二，要反复检查即将要做的决定，尽可能发现不合理的情况；第三，研究前人的行动以及吸取他们成功或失败的教训；第四，要勇于承担全部的责任；第五，要敢于挑战自己的智慧，做自己以前不敢做的事情。大学生通过潜心学习、悉心积累，在机会出现时果断地作出决策，就可以取得成功。

在此，我们不单单讨论大学生如何在工作中作出有效决策，更想探讨大学生如何作出适合自己的人生决策。人生决策事实上是为了达到人生目标，从两个或多个可行方案中选择最合适方案的判断过程，也可以理解成确立自己职业生涯的过程。职业生涯的成功是大学生人生目标的实现，大学生作有效的人生决策，规划个人的职业生涯，要厘清以下问题：一是我的兴趣爱好是什么，这是大学生获得动力的源泉;二是我最擅长的是什么,这是可以最大程度发挥个人空间的优势领域;三是环境允许我做什么,这是抓住职场机会必须考虑的外部条件;四是社会需要什么,这是与时俱进、不被社会淘汰的必要抉择;五是我需要什么,这是实现内心深处职业锚的真实需求;六是结果如何,人需要不断审视、适时调整职业规划。大学生作出有效的人生决策,选择适合自己的职业规划,才能够在问题出现时不会感到迷惘和困惑,才能够作出属于自己心灵的决策。

第四节 当代大学生自我管理的现状

一、大学生自我管理的构成

自我管理是一个多维度结构,由复杂行为的几个独特范围构成。要鼓励和促进自我管理,最重要的是要研究和理解自我管理的构成要素。根据德鲁克自我管理哲学思想,自我管理的要素包括显性要素和隐性要素两部分。

(一)大学生自我管理的显性要素

将影响大学生自我管理的相关要素汇总分类后发现,构成大学生自我管理能力的各要素包括目标管理、职业生涯管理、时间管理、学习创新、优势与效能、沟通管理、人际关系、健康管理八项要素,影响和涉及大学生的学习、生活、工作等方面,本文将其归类为大学生自我管理的显性要素。大学生自我管理的最终目标是成就辉煌的事业,演绎成功的人生。在通向成功的道路上,以上各显性要素密切结合。

目标管理的概念是由德鲁克最早明确提出来的。1954年,德鲁克在《管理的实践》中说"所谓目标管理,就是管理目标,也是依据目标进行的管理"。目标管理中最重要的就是要了解自我归属和人生目标,同时对其进行管理。目标不仅仅界定最终的结果,在大学生追求成功的过程中,可以说目标起着重要的作用。

职业生涯管理被德鲁克称之为"管理自己的下半生",这是人生目标管理的核心内容。对职业生涯进行管理是当今时代的要求,大学生作为祖国未来发展的储备力量，其职业生涯管理更是意义重大。大学生的职业生涯管理按时间长短可以分为人生规划、长期规划、中期规划与短期规划四种类型，从过程来看可分为以下八个步骤：确立志向、自我评估、环境评估、职业选择、路线选择、确定目标、计划实施、评估反馈。职业生涯规划作为大学生前进的路标和指南，并不是一成不变的，也需要随着时空环境和条件的变化，顺应自我感性与理性的追问，作出适当的调整。

时间管理可以说既是一门科学，又是一门艺术。时间是一项特殊资源，人们租不到、借不到，也买不到，过去的时间，永远不会回来，时间是最稀有的资源之一；时间又是可以被精确测定的，是可以被管理的。青年大学生在大学期间更应该合理分配和管理自己宝贵的时间资源，做时间的主人。

学习创新管理可以分为学习管理与创新管理。注册高级咨询师宋振杰在《自我管理》一书中提到21世纪的忠告，如今世界上的人分为以下三种：第一种是不肯学习的人，很快会被淘汰；第二种是肯学习而不善于学习的人，也一样会被淘汰；最后成功的只有一种人，是既肯学习又善于学习的人。创新是人们在认识世界、改造世界过程中对原有理论、观点的突破以及对过去实践的超越。在知识经济时代，资讯瞬息万变、竞争日益激烈，大学生能否在激烈的竞争中紧跟时代发展步伐，善于学习、终身学习必不可少，此外还要在学习中不断培养创新能力。

优势与效能管理也是一对相互作用、不可分割的整体，在自我管理的要素分析中，德鲁克通常将优势与效能结合起来进行分析论述。优势一般泛指在某些方面超越同类的形式，效能可理解为达到系统目标的程度。优势与效能被结合是自我管理的一项要素，主要是因为在工作中两者不可分离。效能的出现是建立在优势基础之上的，只有充分发挥个人优势，才能具备一定的工作效能。

沟通就是感知，沟通就是期望，沟通需要一定的条件。人际沟通作为一种人与人进行交流的方式，发挥着交流态度情感、沟通观念想法以及传递信息的重要作用。正如有的专家研究的结果：大部分工作是在沟通中完成的，大部分工作障碍是由于沟通不畅造成的。大学生在以后的工作岗位上若想崭露头角，应重视沟通的作用，掌握沟通的方法和技巧，养成良好的沟通习惯，这也是大学生自我管理的基本功之一。

人是社会的人，生活在社会中的人每天都要与他人交往。人际关系管理就是以恰当的原则去处理自我与他人的关系，它可以把无意义和有害的人际关系改变为有意义和有利于自我进步发展的人际关系。人的存在是各种社会关系发生作用的结果，人正是通过与他人发生作用而发展自己和实现自己的需求。大学生也不例外，譬如，生存、肯定、尊重等很多需求都是在人与人之间的交往中得到满足的。良好的人际关系就非常有利于这些需要被满足。

健康的管理很容易理解，因为身体乃革命的本钱。大学生要想在激烈的竞争中立于不败之地，身心健康是基础，是一切行动开始的前提，是理想的动力和生命之本，是人生的第一笔财富。因此，大学生想要自我管理，想要成就一番事业，那么对健康的管理既是前提又是基础。

（二）大学生自我管理的隐性要素

在大学生实现成功人生的征程中，不只有显性要素发挥作用，自我管理的隐性要素在大学生走向成功的路途中也发挥着至关重要的作用。隐性要素虽然不通过大学生学习、生活、工作等具体方面来表现，却影响并渗透在各显性要素中。在大学生自我管理的要素体系中，隐性要素分为情绪管理和价值观。其中，情绪管理又细分为自我认知、自我调控、自我激励和认知他人四个方面。

自我认知是行为主体对作为具有客体属性的主体的认知和评价等多方面的活动。简而言之，自我认知可以理解为自我认识、自我意识。自我认知主要包括认知个人的性格特征、认知自己的人生方向和目标、觉察自我情绪的变化及原因等。

自我调控可以理解为对自己的思维、情绪、行为进行监察、评价、控制和调节。它还可以表述成不同的名称，如行为调控（behavior control）、抑制控制（inhibition control）、反应调节（response modulation）、情绪调控（emotion control）等。在日常生活中，包括大学生在内，情绪似乎很难被觉察或控制，可能因为一件很小的事情就会激起很强烈的情绪反应，也可能在不知不觉中这种情绪就悄然无存。思维、行为也如同情绪一般需要自我调控，有效地自我调控能够提高人的理性。

自我激励，就是通过激发人的行为动机，使人处于一种兴奋状态。这种状态不仅能够使我们充满激情地面对工作、迎接挑战，而且可以让我们在平凡的工作中作出不平凡的业绩来，因为成功总是属于不懈努力和不断自我激励的人。大学生在经过几年的大学生活之后若想逐渐走向成功，自我激励必不可少，因为只要你认为自己行，你就一定能行。

认知他人需要用客观、全面的眼光审视对方，看到他人的优势与特长。一个人要想获得别人的赞美、肯定、尊重、帮助等，就需要能够清晰地认知他人的需求。作为祖国未来的大学生，应当学会洞察家长、老师、同学等不同对象的真实情感，设身处地地为他人着想，营造和谐的事业与和谐的人生氛围。

价值观管理会让很多人感觉很抽象，其实，价值观是一个很简单的哲学概念，就是基于周围的人和事来发表自己的看法或观点。换句话说，可以理解为认为什么是有意义、有价值的，是值得自己去努力和追求的；什么又是没有意义、没有价值的，不能也不值得去追求的。正确的价值观对于大学生的成长、成功意义重大，不同的价值取向决定了不同的人生选择，不同的价值观形成了不同的人生。大学生对价值观的管理有助于其实现有意义、负责任的人生。

（三）显性与隐性要素互相作用

在大学生自我管理的要素体系中，隐性要素与显性要素同时存在并发挥着各自的作用，自我管理的最终目标便是走向成功。自我管理的要素体系揭示了人生走向成功不可或缺的过程与途径，它们是一个有机的整体，互相关联并相互促进，是大学生能够有效自我管理、走向成功的必经步骤与环节。

目标管理和职业生涯管理可以被统称为目标优化要素，是大学生迈向成功的导向标。作为21世纪社会发展的领先力量，对个人的职业生涯进行合理的规划与管理、确定和谐平衡的人生目标，这是大学生在进步途中有形的射击靶，也是时代发展的要求。凡事预则立，不预则废，大学生在自我管理的过程中要把握住自己的每一天，做好每日的计划，才能按照职业规划方向前进，不断实现人生中的目标，每一个目标的实现都是人生的一个新台阶、新起点。

时间管理、学习创新、优势与效能统称为自我优化要素，这是大学生从"我"

的角度进行有效自我管理的内因要素。不懂得时间管理，一切事情便无从谈起；懂得学习、善于创新，才能拥有出彩人生；发挥优势、实现效能，人生的每一步才能坚实有力。大学生谈自我管理需要从自我角度提升个人素质能力，要善于管理自己的时间，做时间的主人；发现学习的乐趣、提升个人精神境界，勤学慎思笃行，点燃创新的火种；善于发现个人优势、不断肯定自我、发挥个人效能，在不断被肯定中实现良性循环。

沟通管理与人际关系管理可以统称为环境优化要素，是大学生在处理人与人之间关系中不可忽视的外因要素。有效沟通、善于表达，这是处理好人际关系的关键；学会处理人际关系，掌握并拥有丰富的人脉资源，这是事业成功的助推器。大学生在进行自我管理时，学会沟通、把握人际关系至关重要。学会沟通，要从用心倾听开始，在合适的时间、合适的地点做到有效表达，最后予以积极的反馈，这才是一个良好的沟通过程。处理好人际关系，真诚守信，表里如一，甘于付出，乐于奉献，这样成功之路才能越走越远。

情绪管理和价值观作为大学生自我管理的隐性要素影响并渗透在各显性要素之中，大学生的自我管理不能忽视隐性要素的作用。全面清晰的自我认知，给自己合适的自我定位；学会并善于进行自我调控，降低负面情绪的不良影响；在情绪低谷时、在挫折失败时、在信心不足时、在自卑失落时有效地进行自我激励，发挥个人价值的最高境界；认知他人，懂得他人也需要尊重、需要关怀、需要理解、需要帮助等，拉近人与人、心与心之间的距离。价值观作为大学生行为的基准和指南，决定着努力追求的方向，大学生应该经常审视自己的价值观，去除糟粕，留其精华，活出精彩、快乐、有意义的自我。

通过对大学生自我管理的显性要素与隐性要素的分析，我们不难发现，大学生实施自我管理，要处理好目标优化要素，确立正确的人生目标，并且制定每一步的职业规划；在此基础上不断实现自我优化，善于管理时间、掌握学习能力与创新技巧、发挥优势与效能，使职业素质和职业能力在持之以恒的自我管理修炼中不断提升；同时关注环境优化要素，从容应对各类沟通，不断扩大人际关系网络，增加意想不到的成功与机遇；在此过程中，领悟情绪管理、追寻正确价值观、树立科学的人生理想，实现事业与人生的目标。

二、大学生自我管理的现实状况

当今大学生比较善于沟通和人际交往,在为人处世方面显现出更多优势,整体价值取向积极向上。

1. 在显性要素影响下大学生自我管理的表现

大学生自我管理的外在表现可以从显性要素角度进行分析,如前所述,显性要素主要分为目标优化要素、自我优化要素、环境优化要素三大方面。目标优化要素又可细分为目标管理和大学生职业规划,自我优化要素可分为时间管理、学习创新能力、优势与效能管理,环境优化要素包括沟通管理和人际关系管理。

大学生职业规划包括学习规划、职业规划、生活规划、爱情规划等,规划的目的是让自己有目标地学习、工作和生活,使自己每一天都过得充实有意义。

时间管理是大学生为了合理利用时间而进行的自我管理。有些学生处于平时涣散、考前突击的状态,有些大学生深陷网络的自娱中。

学习创新能力包括学习能力与创新能力,在学习创新方面,绝大多数大学生能明确作为学生的本职所在,并着力提高个人学习能力与发展创新思维。

优势与效能管理是一对相互作用、不可分割的整体,效能的出现建立在优势基础之上,大学生想要达到一定的工作效能,前提是充分发挥个人优势。大多数学生可以客观评价自己的优势与效能,但整体而言优势与效能不明显,这会导致他们从内心角度上自信心不足,发展受到一定限制。

总之,当今大学生在人际交往方面表现不错,这与其经常利用腾讯QQ、微信等即时通信软件相互联系密不可分。分析当今大学生自我管理的外在表现可以发现,大学生在学习创新能力的积累方面有一定的优势,大多数学生可以客观评价自身的优势与效能,合理处理人际关系并具有较强的沟通能力。

2. 在隐性要素影响下大学生自我管理的表现

大学生自我管理的内在表现要从影响大学生自我管理的隐性要素方面入手来分析,隐性要素包括情绪管理和价值观两方面,这是不容易被人察觉发现的。

情绪是一个人的内心活动,情绪管理是培养一个人驾驭情绪的能力,"00后"的大学生有较好的自我认知能力,大多数学生能够客观、公正地评价自己。

第二章　大学生学习与时间的自我管理

本章为大学生学习与时间的自我管理，主要从大学生学习管理的重要性、大学生学习管理的方法、时间管理的概念及误区、大学生时间管理的原则和方法、大学生时间自我管理的评价五个方面进行探讨。

第一节　大学生学习管理的重要性

人的一生需要终身学习、不断学习，才能够适应社会发展，才能够驾驭自己的航程，才能够赢得鲜花和掌声，因此要培养自身的学习管理意识。

一、学习的重要意义

（一）生存的需要

学习存在于我们日常生活的方方面面，我们可以通过学习获得相关的技能和经验。学习是我们生活中不可缺少的一种行为，通过学习我们可以丰富自己的生活常识，增长自己的见识，拓宽自己的视野，从而提高自己的生活质量。

（二）自我发展和成功的需要

如今，知识更新的速度越来越快。一个大学毕业生，其一生所需知识有很多需要在工作中通过持续学习来获取。美国管理大师彼得·圣吉曾对年轻人提出警告，一个人学习过的知识，如果每年不能更新7%的话，那么这个人便无法适应社会的变化。

随着知识的日新月异，新职业不断兴起，传统职业也在不断调整变化，有些甚至衰退消亡。有关专家指出，在未来的市场竞争中，只有具备学习型特点的企业才有竞争力。唯有具备学习型特点的员工，才有机会在激烈的职场竞争中胜出。如果你想跟上时代的步伐，想在自己的职业生涯中永远有岗可居、有事可做、不被职场抛弃，那么你就必须不断地学习，才能够在知识与技能等方面适应社会的变化、才能与时代发展保持同步、才能够在职业生涯中取得持续性发展和成功。

社会的进步和发展时不我待，我们必须清醒地认识到时间的紧迫性和知识更新速度的惊人性。我们要适应社会发展的需要，就要养成终生学习的习惯，不断吸收和借鉴先进的知识和技能，技多不压身。只有这样才能够站在时代的前沿，不畏惧任何职业的竞争，真正走向持续发展和成功的坦途。

二、大学生学习管理的必要性

学会学习是 21 世纪世界各国教学学者一致的呼吁，也应当是世界各国大学生的一致追求和努力的目标。我国当代大学生群体的学习积极性是很高的，这一点毋庸置疑，否则我们便无法解释每天清晨校园里朗朗的读书声，也无法解释夜晚教室的灯火通明。但存在的问题也是明显的。研究显示，部分学生缺乏以学习自主性和主动性为支撑的学习主体意识。部分学生在进入大学以后，仍然没有意识到自身在学习活动中的主体地位，学习活动存在很大的无目的性和精神惰性。

培养学生的学习主动性，进而在主动的学习活动中形成创造性，是大学教育需要解决的重大问题。主要方法有以下两种：

（一）转变学习观念

学习观念是大学学习的先导，学习目的的确立、学习内容的选择、学习方法的改进，都与学习观念密切相关。结束了高中的学习生活、进入大学学习阶段以后，应当从以学习知识为主的学习，转变为以学习方法和提升能力为主的学习，从被动地学习转变为主动地学习，从单纯的知识学习转变为全面的学习，从阶段性完成目标的学习转变为终身学习，从维持性学习转变为创新性学习。

（二）转变学习方式

学习方式不是具体的学习策略和方法，而是学习主体在完成学习任务过程时的行为和认知取向。自主式、探究式、合作式是学习方式的三个基本维度。自主式学习是以学生为学习的主体，以发展学生的主动性和能动性、创造性为目的的一种学习实践活动。该学习方式对于学生改变学习态度以及改善思考和交流的技巧具有显著的促进作用。合作式学习有利于培养学生的相互理解能力和平等价值观，在解决共同项目和学习管理冲突的过程中，提升协作能力。探究式学习是学习者一种主动探求知识、解决学习中的问题、高层次的学习方式，有利于学习者的终身学习和创造性学习。合作式学习是一种富有创意和实效的教学理论和学习策略的学习方式。它能够显著提高学生的学习成绩，促进学生形成良好的认知品质。创新式学习的主要特征是学习过程的主体化、学习形式的合作化、学习内容的方法化、学习活动的实践化、学习思维的新颖化。

树立最新的学习观念、借鉴最新的学习方式、迅速确立在学习活动中的主体地位、提升学习的主动性和创造性是进入大学阶段需要完成的首要工作。伴随着学生学习活动的逐步展开，其独立性不断提高、主体意识不断增强、学习方式逐渐转变、创新能力不断提升。到大学学习阶段终结的时候，应当成为具有现代学习观念、学会独立学习、独立研究和发现真理的独立学习与研究的个体。

第二节　大学生学习管理的方法

一、养成良好的学习习惯

学习习惯是指个体在学习过程中，经过反复练习形成、发展的一种个体需要的自动化学习行为方式。通过个体的努力而形成的良好的学习习惯，既有利于激发个体学习的积极性和主动性，又有利于形成学习策略，提高学习效率，还有利于培养自主学习的能力，更有利于培养创新精神和创造能力。

（一）管理好学习时间

学习时间管理对大学生活的重要性不言而喻。从经济学的角度观察，大学生的学习存在资源的合理分配和有效使用问题。尤其是大学四年的学习时间管理和分配直接关系到最佳效益的发挥。从心理学的角度考察，时间管理与焦虑等负面情绪密切相关。越是善于管理时间的大学生，焦虑的程度越低；越是不善于管理时间的大学生，焦虑的程度越高。

首先，要树立现代时间观念。观念是蕴含在人的经验常识、理论知识中最为一般的思想和看法。它是人类支配行为的主观意识，给予我们一切思想和行为的准则、方向和行为轨迹，它起着根本的指示和规范作用。人的行为是受观念支配的，观念正确与否直接影响到行为的结果。现代人的时间观认为：时间是一种宝贵的资源，是人生难得的财富。要抓紧一切时间学习和工作，不可以把时间和精力以及财力浪费在空洞与多余的语言上。时间面前人人平等，时间的竞争是一种重要的竞争。一切的竞争从某种意义上讲都是时间的竞争。所以，在文学家那里，时间就是优美的诗篇；在医学家那里，时间就是生命；在教育家那里，时间就是知识。时间为生活中的人们赢得了快乐、财富和效益。时间有时还是机遇，机不可失、时不再来。机遇是稍纵即逝的一种资源，抓住机遇成就的可能是一生的事业。

其次，加强对学习时间的控制。时间管理的核心在于严格控制。成功人士告诉我们，用"分"计时的人，比用"小时"计时的人，在时间上要多出59倍。大学生应当以"分"为单位计时，按照自己的学习计划和作息安排进行精细化管理，精打细算、惜"分"如金。应当学会利用电脑学习新知识，而不是白白地浪费时间。要学会集中利用时间学习，如果有的学生总是习惯于把一件完整的工作加以肢解，分几次完成，那就浪费了一部分时间，因为每一次开始，都要有一段熟悉重复的过程。当然，集中时间的多少，要依工作量来定，集中得过多，也会造成浪费。零碎时间加起来是一个相当可观的数字，可以利用这些时间处理一些个人的事务，诸如洗衣服、打扫卫生、发短信之类，把节省出来的时间用于学习。饭前和饭后、课前和课后、买饭排队等时间都是可以被利用起来的，不要让它轻易从身边溜掉。

再次，提高运用学习时间的效率。每个人在一个月中的智力、感情曲线有高潮期与低潮期。智力周期33天，感情周期28天，与人体的生物钟密切相关。有的人喜欢黎明即起，记外语单词，背诵诗词歌赋，因为早上的学习效率最高。也有的同学善于秉烛夜战，因为半夜的效率最佳。一般的人都是上午的记忆力和理解力的效率达到高潮。要选择智力高潮期进行学习和思考活动，以提高学习的实际效率。例如，我们可以根据精力周期安排学习的时间，用早晨的时间朗诵经典的诗词以及散文，或者背诵外语单词，也可以思考学习中的难题，进行有助于提升创造性的思维活动。上午如果没有安排课程，我们可以将时间用于阅读或者写作活动；中午应当午休，哪怕睡上15分钟，都是非常有用的；下午理工科的学生可以去做实验，文科的学生可以去运动场活动一下；晚上再集中精力学习一两个小时，然后按时休息。

最后，学会时间的转换替代。常见的做法是，从非学习的其他活动中挤出一些时间用于学习。比如，走路的时候可以思考学习的问题。

（二）读书与思考相结合

古人云："学而不思则罔，思而不学则殆。"学习的过程也应当是思考问题的过程和研究问题的过程。养成做读书笔记的习惯，是践行学习与思考相结合的有效方式。在读书的过程中，应当一边阅读，一边将感兴趣的内容和自己即兴思考的内容写在笔记本上。手、眼、脑并用，可以增加对阅读内容的印象和理解。古语云"不动笔墨不读书"，这种方法在今天仍然有效。不能把读书当成看电影、电视或者是看演出、浏览网页，看完便完了。对于经典的书籍，要进行反复地阅读，养成反复研读一本经典书籍的习惯。

对一个问题进行长期的学习思考和研究，就会产生物理学的聚焦效应。大学阶段的学习本来就应当是研究性的学习过程，也应当是创造性学习的过程，"研究"应当是大学学习的引领因素。"地理学开山大师"洪堡曾经指出，大学教授的主要任务并不是"教"，大学生的主要任务也并不是"学"，大学生需要自己独立去从事"研究"，教授的工作则在于诱导学生"研究"的兴趣，再进一步指导并帮助学生做"研究"工作。在大学阶段，应当选择一个有兴趣的课题进行研究，可以是专业性的研究课题，也可以是非专业性的研究课题，关键是要有兴趣的支持。专业性的课题可以使自己的学习具有专业目的性和针对性。非专业性的课题可以扩大自己的知识视野，有利于提升自身的综合素质和修养。围绕着有兴趣的研究课题进行学习和思考以及浅层次地研究，可以极大增强学习的兴趣和激情，提高学习的实际绩效。

二、做好自我阅读管理

　　大学的教学着重于帮助学生开拓知识领域，培养学生的自学能力和自我更新知识的能力以及创造能力，大学的授课方式具有其特殊性。首先，大学课堂的授课内容多，进度快。教材上的内容教师只是提纲挈领地讲授，重点内容重点讲授、不重要的内容就让学生自学，具有一定的跳跃性和不连贯性。在讲授的过程中，教师往往只讲授一些基本概念、基本理论。其他的内容要靠学生自己去阅读、自己去进行系统的梳理，整理成系统的知识结构。其次，不是每一门课都有教材，有的课程完全是教师讲授自己的研究成果。即使有完备的教材，教师讲授的所有个人的研究成果或学术界流行的观点，也同样需要学生花费大量的时间、阅读一定数量的参考文献帮助进行消化和吸收。再次，大学教师特别注重讲授学习和运用某一门学科的思考方法和学习方法，也特别注重学生动手能力的培养。但他们不太注重课堂秩序的管理，对学生课后时间的支配也不做统一安排，让学生有充分的学习自主权。大学学习的特殊性提醒我们，在课堂学习之外，学生需要运用大量的时间进行课外阅读。为此，学生必须管理好自己的课外阅读时间，制订详细的阅读计划，并且按照计划实施。有的学生不仅制订全年的阅读计划，还制订每个月的阅读计划，甚至细化到每一天的阅读量或者是阅读时间，比如有的同学每天阅读一小时。这些细化的目标更容易被实施。

（一）管理阅读的宽度

　　全面学习观认为，大学学习必须处理好"博"与"专"的关系，以建立在广博基础上的、精深的学习模式。从本质上讲，大学教育是地地道道的通才教育，绝不是专才教育。在学习过程中，应当尽量淡化专业的界限，从自己的学习兴趣出发，喜欢读什么书就读什么书，不仅不能受专业的束缚，而且要有意识地超越自己所学专业的范围，阅读非专业的书籍，扩大自己的知识面，一个接受高等教育的人应当是一个博览群书的人。特别提醒，在时间和精力允许的前提下要尽量扩大自己阅读的范围。知识的数量是质量的前提，没有一定知识量的积累，质的提升便缺乏依据和条件。阅读范围的扩大是拥有更多知识数量的前提。有意识地突破专业的限制、做到博览群书。在现代知识背景下的学科分类越来越细，只有本专业的知识阅读是不够的，必须拓宽自己的阅读范围，特别是与自己的专业相关学科的知识，应该对其具有一定程度的了解。

（二）管理阅读的厚度

阅读的厚度，也可以称之为阅读的深度。提升阅读深度的最佳选择，应当是阅读经典；提升阅读深度的最佳方式，应当是慢速阅读，或者是超慢速阅读，经常读、反复读。

1. 阅读经典

意大利作家伊塔·卡尔维诺在《为什么读经典》一书中列举了14条经典的标准。他对"经典"的经典表述是："经典是那些你经常听人说'我正在重读……'而不是'我正在读……'的书。"美国作家莫提默·艾德勒和查理·范多伦在《如何阅读一本书》中也指出："人间有许多问题是没有解决方案的。一些人与人之间，或人与非人世界之间的关系，谁也不能下定论。这不光在科学和哲学的领域中是如此，因为关于自然与其定律，存在与演变，谁都还没有，也永远不可能达到最终的理解，就是在一些我们熟悉的日常事务，诸如男人和女人，父母与孩子，或上帝与人之间的关系，也都如此。此事你不能想太多，也想不好。伟大的经典就是在帮助你把这些问题想得更清楚一点，因为这些书的作者都是比一般人思想更深刻的人。"

互联网的出现对人们阅读经典的影响是巨大的。2007年，诺贝尔文学奖得主多丽丝·莱辛，谈到互联网对人们阅读的影响时说："现在，我们的文化变得支离破碎，在这种狭隘的文化里，几十年前再确定无疑的东西也开始遭到质疑，满社会的年轻人从不读书，尽管受了多年教育，除了懂得一些例如电脑之类的专业知识，对周围世界却是一无所知。"[1] 人们对电脑带来的阅读方式的转变和思考

---

[1] 胡勤. 审视分裂的文明——多丽丝·莱辛小说研究[D]. 广州：中山大学，2010.

方式的变化的担心，并不是多余的。互联网出现后的屏幕阅读方式，为人们阅读广度的扩大，起到了重要的推进作用。人们借助互联网可以获得大量的信息，这是传统的阅读方式不可能做到的。但它对阅读深度（或者是厚度）的影响却是负面的，人们已经很难达到传统阅读方式的深度。许多人的阅读已经远离和遗忘经典了。

人们的阅读方式可以分成浅阅读和深阅读两种。浅阅读是指浏览式的、泛泛的阅读。阅读者不对所阅读的内容进行深入的思考，浅尝辄止。深阅读是指进入阅读内容的情境，进行深入思考的阅读。浅阅读有利于扩大阅读的范围，但有可能使阅读的内容碎片化，使阅读成为一项娱乐化的游戏。深阅读有利于增强阅读内容的厚度，有利于提升知识的思想深度。大学生的阅读方式应当是以深阅读为主，以浅阅读为辅。对文化快餐进行浅阅读，对经典进行深阅读，尤其是要对非功利性的经典进行深阅读。所谓非功利性的深阅读，就是指不是为了考试或者满足写论文的现实需要而进行的阅读活动，是有利于长远提升阅读者的思维能力和修养心智的阅读。坚持非功利性阅读经典著作，对于启发学生的思维深度，调动思想资源进行跨越时间和空间的思考，具有十分重要的功用，有利于提升学生的精神高度和智慧层次。

2.增强阅读厚度的方法

以书中所解决的问题作引导，推动阅读的步步深入。当然在阅读的过程中要特别注意阅读的渐进性和整体性，既要对一个一个的问题寻根问底、探索其根源，同时又要弄清问题之间的各种关系，包括因果关系、递进关系、交叉关系和对立关系等。这样才能从整体上把握全书的精髓，对重点问题有重点地思考，点面结合，这是一种十分节约时间的方法。可以针对在日常的学习中所遇到的问题，找有关书籍进行阅读，或上网查找有关资料进行阅读。著名作家夏衍告诉人们，他由于工作较忙，没有很多时间用于阅读，只能采取这种"挈题索知"的方法增加信息量和积累新知识。据有关资料记载，著名发明家爱迪生在日常的学习和工作中也经常采用这种阅读方法。发现问题、深入探究，发挥聚焦效益。采用这种方法阅读，可以凭借聚焦效应呈现出自己的创造性灵感。

阅读是大学生的基本功，应该是大学生每天必须做的事情，每一位学生都必须养成阅读的好习惯。通过阅读,人们不一定能够改变长相,但可以改变气质;不一定能够延长生命的长度,但可以拓展生命的宽度、垫高生命的厚度,为事业的成功奠定良好的基础。

三、合作式学习模式探讨

合作式学习是当今许多国家普遍采用的一种具有时效意义的学习策略,适合不同专业、不同兴趣、不同生活方式的大多数同学选择。它是以现代社会心理学、教育社会学、认知心理学、现代教育技术学等为理论基础,以课堂教学中的人际关系为起点,通过多种形式的互动,不仅促进大学生学习,而且让他们学会合作,并且通过合作促进发展、促进学习能力与合作能力的提升。

(一)与教师互动行动方案

尽管学生是大学学习的主体,大学学习是学习主体自主学习的过程,但教师在学习活动中的牵引作用和示范作用仍然不能被低估。"名师出高徒"这一千古不变的教育法则,至今仍然起着重要的作用。

1. 争取与名师接触的机会

名师是学校知名度的决定因素。知名大学大多拥有一定数量的名师。牛津大学、剑桥大学和哈佛大学、耶鲁大学雄踞世界大学霸主地位,它们就拥有一批拥有世界一流水平的教师;北京大学和清华大学都是知名的大学,同样地,它们也拥有达到中国一流水平的教师队伍。大学生应当争取成为名师的高徒,使名师的思想得以传承,使自己成为拔尖人才和创新人才。大学生对名师所讲授的课程应当全身心去领悟,名师的讲授会把学生引向通往这门学科未知领域的、激动人心的航程。名师有突出的科研成果和教学成果,也拥有一套独特的治学方法和能够培养学生的智慧。这些方法对学生的成人和成才,尤其是对潜能的发掘具有基础的重大意义。

2. 积极参与教师的课堂教学活动

专家对大学的课题有精彩的理想性描述,人们有理由相信,"好"的课堂是师生生命力焕发的场所,是师生自由对话的舞台,是师生气象万千、充满生机的生命活动得以进行的广阔天地，更是师生浮想联翩、精神焕发、创意生成的智慧沃土。

据专家们的调查和统计分析，在大学里成绩优秀的学生，都有一个共同的特点，那就是积极参与教师的教学活动。课堂教学，在今天仍然是大学传授知识和培养专业能力的最为重要的方式之一。在大学的教师群体中，由于年龄、性别、知识背景以及性格、兴趣、爱好等多种因素的影响，他们的教学风格存在着极大的差异。有书院式的古朴和典雅，尽管时代的节奏已经分秒必争，但他们仍然沉浸于《诗经》《楚辞》的境界中悠然自得；有现代感的时尚和前卫，利用最新的教学手段，传递的是最新的知识信息和学术前景。作为学习主体的学生，不管对教师的教学风格喜爱与否，既然已经选择了某个教师的课程，就要顺应教师的教学安排，进行同步的良好互动，游离于教师的教学活动之外是不明智的选择。

学生在教学过程中，应当立足于自己的学习主体地位，充分发挥自己的主观能动功能。预习是在学生学习主体活动中必不可少的重要环节。预习就是在教师尚未进行正式讲授之前，学生自己预先对所要讲的内容进行学习和思考，形成一些粗浅的印象。这样做的好处是，极大增强学习的目的性和主动性，可以极大地提高课堂学习的效率。在听课的过程中，应当认真做笔记，记下教师讲授的重点和难度。对于教师个人的研究成果，或者是学术领域的最新的成果和最新信息，更是要有言必录，并且在下课以后及时进行必要的整理。在每次课程结束以后，要及时对教师所讲授的内容进行复习，对重点和难点部分及时进行思考，重新整理出思考的头绪。还可以读一些与讲课内容有关的参考书，扩大知识面，拓宽思路，加深对所讲授内容的理解，形成自己的观点和看法。作业练习的目的是通过运用知识，进一步加深对所学知识的理解，同时可以通过练习检验掌握的程度。应当学会熟练、创造性地完成作业，使知识转化为技能，提高运算能力或表达能力。课前认真预习、课堂上认真听讲、课后认真及时完成作业，是学生学习活动的主要环节并应该按照教师的指导认真履行。

3. 跟进教师的教学进度

在学习某一门学科的进程中，应当校准和及时地跟进教师的教学进度，根据教师讲授的内容及时预习和复习。没有十分特殊的情况，不要缺课。大学教师更加注重讲课知识的系统性和创新性，尽力向学生介绍系统的专业知识以及最新的学术思想，而不愿意在讲授的形式上过多地浪费时间和精力，不太在意讲课的艺术性和欣赏性。

4. 及时向教师请教学习疑点

聪明的人懂得说，高明的人懂得听，精明的人懂得问。会学习的学生每一节课都准备一个问题，不管有没有提问的机会，带着准备的问题听课，会有比较好的学习效果。在大学的校园里，每当下课以后，总是可以看到一些学生围在教师的周围对自己在听课中遇到的问题进行提问。有的学生甚至在下课以后跟着教师在校园里边走边聊。这些愿意与教师共同探讨问题的学生，一般都是爱学习也是会学习的学生。有的学生除了及时向教师请教，还及时约请学生就平常遇到的疑难问题进行交流，把从不同的角度捕捉的知识点以及感受及时进行信息交换。这既是对教师讲授内容的补充，又是课堂教学的延伸，同时又是最为及时的复习与思考过程。

（二）与同学的互动与学习合作方案

19世纪初期，德国新人文主义教育家、语言学家和政治家威廉·冯·洪堡的大学理念被教育史家赞誉为"学术界的一轮明月"，被尊崇为现代大学的经典理念。他第一次把科学研究视为连接科学和人才培养的桥梁，将科学研究引入教学过程。洪堡认为："在大学中，听课只是次要的事情；重要的是，使学生与情趣一致、年龄相同以及具有自觉性的人紧密合作。"[1]

1. 组建一个学习小组

美国大学提倡小组本位学习模式。这种模式作为一种协调性强、应用范围广的学习组织形式，具有有利于激发学生主动思维等许多优势，受到学生的欢迎和社会的赞誉。近年来，美国的教育专家们正在进一步研究这种模式在大学教学中的具体应用，挖掘其有利的因素，使之产生实际的效果。合作式学习的基本要素是积极依赖、面对面的促进性相互作用、个人责任、社会技能、小组加工。积极依赖的含义是指学生应当知道他们不仅要对自己的学习负责，而且要对自己所在

---

[1] 瞿葆奎，李其龙，孙祖复. 联邦德国教育改革[M]. 北京：人民教育出版社，1991：7.

小组的其他同学的学习负责。面对面地促进性相互作用的意蕴是，小组成员通过真正的合作，资源共享、互相支持、互相帮助、互相鼓励，从而促进彼此的成功。

借鉴合作式学习模式的经验，我们认为，在大学学习的过程中，至少要有三名同学作为共同学习的伙伴，最好能够组建一个四人以上的学习小组，共同探讨学习上的问题、分享学习上的观点和经验、交流学习中的心得和体会、致力于共同的学习目标和价值期望。这远比一个人独自学习的效果要好得多，也有利于个体合作意识的提升和团队精神的培养，有利于形成健康的竞争心理，学会接纳、尊重、关心他人。

2. 将寝室建成学习型组织

美国麻省理工学院教授彼得·圣吉提出了以"五项修炼"为基础的学习型组织理念。其核心内容：通过培养弥漫于组织的学习气氛，充分发挥员工的创造性思维能力，而建立起来的一种有机的、高度柔性的、扁平的、符合人性的、能持续发展的组织。学习型组织的主要特征之一是强调团体学习，不仅重视个人学习和个人智力的开发，而且注重成员的合作学习和群体智力的开发。出于成才和成人的需要，大学生群体完全可以把寝室建设成为学习型组织，或者学习团队，把室友变成学习小组的成员，形成优良的群体学风。

3. 研究性社团的探究式学习

学生社团是高等学校"学生自愿组成的群众组织"，打破了年级、专业和学院甚至学校的限制，组织具有共同或相近兴趣爱好的同学，一起开展有利于同学成长和成才的活动，形式多样、活动灵活，是深受一部分同学欢迎的学生组织。国内大学的社团组织主要形成了依靠相关学院和完全自主组建两种运作模式，分为研究性、娱乐性、公益性等相关类型。不同类型的社团，为不同专业但具有共同和相近兴趣爱好的学生，提供了交流与合作的平台。

探究式学习理论认为最好的学习是研究，真正的学问是通过研究得来的学问，研究性社团采用的是探究式学习方式。这类社团一般聘请专家、教授担任学术顾问，或者是指导教师，有的还是在他们的主持或引导下开展学术活动。参加的学生一般既具有对学术研究的兴趣，也有一定的研究基础作为支撑，虽然相对于娱乐性和公益性社团而言人数不是很多，但人员相对稳定，其活动方式也具有很强的学术系统性和实践创新性。这类社团对培养学生的创新意识和实践能力具有非常重要的牵引作用,尤其是名师指导的社团更是学习和研究的主要基地。有志于未来从事研究工作的学生,理应成为研究性社团活动的核心成员和最为活跃的元素。

(1)成为核心成员

研究表明,一个人的成功有时不是因为天资聪慧、才华出众,而是因为能够全身心地投入某项事业中去,锲而不舍,滴水穿石。学生自己组织的社团具有松散特征,因而没有十分严密的组织性与纪律性,对成员的束缚力较弱,这正是这些组织的优势所在。一旦选择了某个社团,或者是社团组织的某项活动,学生就要认真对待,全身心地投入其中。在参加讨论会和辩论会之前,要认真准备发言提纲和思路以及相关材料,听取别人的发言时要认真思考,对不同观点及时进行反馈和碰撞,最好能够展开必要的争论。不同观点之间的碰撞与冲突所产生的灵感火花,正是参加社团活动的价值体现。

(2)超越专业局限

在选择研究性社团时,应当有意地超越专业的局限,进入新的学科领域和专业领域。理工科的学生要有意识地参加人文社会科学的社团,文科的学生也可以加入自然科学的社团。通过社团的熏陶,扩大专业知识的视野,完善自己的知识结构和能力。

(三)与大学文化互动

大学文化是大学的核心和灵魂,是一种内隐文化,是组织成员习以为常的、实际运行的规范,它表现为成员的信仰系统,如价值观念、思维模式、感情气质等,是难以用文字和符号表达的。学生逐步吸收学校文化的价值观,并把它内化为个人的品质,渗透到个体的心理和行为中去,转化为健康人格精神的内驱力。读大学必须读懂大学的文化,没有读懂大学文化的学生不是一个合格的学生。大学文化是在大学逐步发展与进步的过程中积淀而成的,大学文化的鲜明特征集中体现于大学精神。大学文化包括大学的精神文化、制度文化、环境文化和行为文化。

1. 读懂大学精神文化

大学精神是一所大学独特的品质和精神气质。大学文化积淀的第一任务是培育大学精神。大学精神是指一所大学的思想观念系统,即师生、员工共同的理想、信念、价值目标和观念体系的总和。

(1)读懂大学的办学指导思想

办学指导思想是指办学者对所办大学的总体认识与办学主张,包括办学思想、办学方向、根本方针、根本任务,具体体现在办学定位、办学思路、办学特色、专业与学科建设、教育与教学改革、学风建设等方面。作为大学精神的顶层,办学思想对大学的发展至关重要,一旦出现偏差,全盘皆输。首先,要理解学校的办学理念。办学理念是办学过程中形成的,如何认识大学、如何建设大学、建设一所什么样的大学的理性认识,是一所大学的灵魂。著名的大学具有个性特色的办学理念,它对就读于此的学生的成长起着导向作用。其次,要理解校训、校歌和校徽的丰富文化内涵。校训是高度体现一所大学办学精神的训词,是全体师生员工言行的座右铭。清华大学的校训是"厚德载物、自强不息"。北京师范大学的校训是"学为人师、行为世范"。这些都是清华大学和北京师范大学精神的集中体现。校旗和校徽等艺术形式集中体现着大学的文化和精神追求,倡导着大学成员的精神境界。最后,要认知学校的校风。校风是办学精神与风貌的集中体现,是一所学校教风、学风及其他作风的浓缩。学风是学生的学习风气,是学生的学习动机、学习动力、学习态度、学习方法、学习氛围的综合表现。教风是教师的工作作风。教学和科研的作风,是教师职业道德、人格风范、治学态度等方面的综合反映。格言警句能反映学校自身的价值追求。标语口号能营造育人的氛围和学术氛围。校歌是大学文化的重要标识,可以激发人们的精神。

(2)领悟大学精神的传统

世界一流大学在历史演进的过程中始终维护着知识的权威地位。一部世界一流大学的历史,是维护知识权威地位的历史,是与王权和神权进行斗争的历史,也是一部不断创造大学精神的历史。世界一流大学的精神传统主要涵盖大学独立自主、自治,大学的学术自由传统,大学的人文主义传统等主要内容,不仅历史悠久,而且源远流长。

清华大学秉持"自强不息、厚德载物"的校训和"行胜于言"的校风,坚持"中西融会、古今贯通、文理渗透"的办学风格,弘扬"爱国奉献、追求卓越"

传统和"人文日新"精神。清华大学的前身清华学堂始建于1911年。清华校训"自强不息、厚德载物"是从1914年冬梁启超在清华学校同方部作的题为"君子"的演讲中而来。旨在教育学生君子自励犹如天体之运行刚健不息,不得一曝十寒,不应见利而进,知难而退,而应重自胜摈私欲尚果毅,不屈不挠,见义勇为,不避艰险,自强不息;同时,君子应如大地的气势厚实和顺,容载万物,责己严,责人轻,以博大之襟怀,吸收新文明,改良我社会,促进我政治,以宽厚的道德,担负起历史重任。位于清华大学礼堂前大草坪南端的古典计时器——日晷,原为圆明园遗物,1920届学生毕业时献给母校。下部底座镌刻着1920级的铭言"行胜于言"的中文及其拉丁文译文,"行胜于言"从此成为清华的校风。北京大学创办于1898年,是戊戌变法的产物,也是中华民族救亡图存、兴学图强的结果,初名京师大学堂,是中国近现代第一所国立综合性大学,辛亥革命后,于1912年改为现名。

北京大学"上承太学正统,下立大学祖庭",既是中华文脉和教育传统的传承者,也标志着中国现代高等教育的开端。其创办之初也是国家最高教育行政机关,对建立中国现代学制作出重要历史贡献。作为新文化运动的中心和五四运动的策源地,作为中国最早传播马克思主义和民主科学思想的发祥地,作为中国共产党最初的重要活动基地,北京大学为民族的振兴和解放、国家的建设和发展、社会的文明和进步作出了突出贡献,在中国走向现代化的进程中起到了重要的先锋作用,爱国、进步、民主、科学的精神和勤奋、严谨、求实、创新的学风在这里生生不息、代代相传。牛津大学的精神有"理想主义、博大宽容、追求卓越"的精神特质。牛津大学创办于1168年,是世界上历史最为悠久、影响深远的大学之一。在800多年的历史中,牛津大学坚守自己的理想,以博大的胸怀,始终追求卓越,培养全面发展的绅士。进入新世纪,牛津大学向世界表述了新的历史使命:在教学和科研的每一个领域都达到和保持卓越。

2. 读懂大学的制度文化

制度是人类共同生活所需要的约束个体行为的规则,是共同生活质量的保证。美国政治经济学家奥斯特罗姆对制度进行如下界定:制度是一种规则组合,它被用来决定谁有资格进入某一决策领域,决定信息如何提供,决定在什么情况下应该采取什么行动,决定个体行动如何被聚合为集体决策。大学制度是管理大学事务各种规章的聚合,是大学中的人们共同生活质量的保证。大学制度文化是在大学制定、贯彻、执行各项制度的实践活动的基础上形成的,是大学制度及其认知和观念的总和。就本质上而言,它是关于大学管理及其权力运行的文化形式。

(1) 大学制度文化的定义和内涵

大学制度文化是教师和大学生对大学各种规章制度的一般规律性的认识,包括大学管理者制定各种制度的理性原则、价值取向、理念追求、道德标准、利益调整等一系列的观念体系和大学人对制度的认知与习惯,是大学人对大学的办学理念、办学目标的广泛认同在制度层面上的反映。大学制度文化按照层次划分为表层制度和深层制度。表层制度是以文本和书面形式呈现出来的制度,对人们的日常行为具有约束作用。深层制度是指大学人建立制度与遵守制度的理念、态度、价值观、认同感等,是人们共同的行为准则与价值追求,它的作用是潜移默化的。大学制度文化的特征为大学制度文化植根于大学文化沃土,浸润着丰富的人文精神,既是一种具有强烈的约束机制的权力形态的文化,又是一种具有多样性特征的制度文化。大学制度文化彰显大学精神文化,是大学精神文化的统领,又为精神文化的落实提供了制度保证。大学制度文化规划大学环境文化,规范大学行为文化。大学制度包括大学组织管理制度和学术制度以及教学工作制度、学生工作制度。管理制度涵盖校级层面的党委会制度、书记办公会制度和校长办公会制度以及教代会和职代会制度等,还包括学院一级的党政联席会议制度、党委会制度。学术制度包括学术管理制度和学术奖励制度以及学术成果转化制度。教学工作制度包括教学工作宏观管理制度和专业建设制度、正常教学管理秩序制度、实验教学管理制度、教学激励制度、教学评价与质量监控制度。学生工作制度包括思想政治教育制度、学生日常行为管理制度、学生激励制度体系和贫困大学生资助制度体系等。

(2) 我国现行大学制度

在当今世界,我国的高等教育规模是世界上最大的,在校学生人数和教师的总量均位居世界第一。我国现行的大学制度是若干年以来逐步形成并且最终确定下来的,具有历史的传承性和时代的合理性。党的权力保证了学校社会主义的办学方向，监督行政权力和学术权力的科学运行保证了学校学生和教师的根本利益得到体现。中国的政治制度是中国共产党领导的多党合作制，中国共产党是执政党，各民主党派是参政党。中国人民选择的道路是走中国特色的社会主义道路。在中国共产党领导下的社会主义中国，大学不能离开党的领导，构建现代大学制度同样不能离开党的领导，党的领导是建立现代大学制度的政治保证。没有党的领导，大学的行政权力会因为受不到应有的制约而失去监督，学术权力会成为行政权力的附属物，不可能得到真正的行使，教职工的民主参与学校事务的权力不会得到保证。党委领导下的校长负责制是我国大学制度的必然选择，是中国特色的政党制度的必然结果，也是大学的社会主义政治方向的制度保证，是大学培养什么人、怎样培养人的制度保证。党委领导是学校党委领导集体的领导，是政治领导，管方向、管大局。党委内部实行民主集中制。党委领导不代表行政权力和学术权力，学校党委书记依据自身的职责和分工，与校长和学术委员会主任各司其职。党委书记重点把关行政权力和学术权力的决策结果是否符合党的路线、方针、政策，是否违背广大教职工和学生的利益诉求，是否符合党纪和政纪的规范，并且在必要时通过党委常委会行使最终的决策权。行政权力保证学校的科学运行，高效有序。

学校行政权力的科学运行是保证现代大学健康发展的重要因素。我国大学拥有一支高素质和职业献身精神的专业化的行政管理队伍，拥有科学合理的大学行政服务体系。

学术权力是大学权力结构中最为重要的组成部分，是大学组织结构中的核心元素。在现代大学制度中，学术权力保证大学在发展过程中不会发生"质"的变化。有些学校采取了一系列措施强化学术权力。有的学校已经设立了独立于党委和行政之外的学校学术委员会，得到了与行政权力平行的权力构架，具有了实体化的权力。学校学术委员会的组成人员是学校各个学科公认的学术权威、专家教授。为了保证学术权力的科学运行，校学术委员会的领导和成员，不在党的系统和行政系统担任职务。学校党委书记、副书记和行政校长、副校长，以及机关各部、处的部长和处长，各专业学院的书记和院长，一律不进入校学术委员会任职。学术委员会成为地地道道的学术权威和专家教授组成的学术权力机构。学术委员会在行使权力的过程中，不受行政权力和其他权力因素的影响，完完全全从学术的角度行使权力，保证学术权力的科学性、公正性，维护学术权力的权威。学校党委和行政从各自的角度对学术委员会的工作进行监督，保证其工作的科学性和公正性。学院的学术委员会同样由不担任任何党政职务的专家和教授组成，主任委员由委员会成员民主选举产生，独立行使教学单位的学术权力，接受本单位教职工的监督，接受本单位党委和行政的监督。

学校学术权力的强化以及学术权力的科学行使是建设我国现代大学制度的重点之一，也是难点之所在，但经过教育界有识之士的努力，已经有所突破。随着我国大学学术权力的逐步强化，我国大学的学术风气会得到进一步的净化，学术氛围会进一步浓厚，拥有良好的学术氛围和良好的教风、学风的中国大学，更加具有现代意义和国际意义。我国大学对党的权力、行政权力、学术权力的科学行使，是构建我国现代大学制度的关键之所在，也是我国大学优越性的体现。只要我们着眼于制度建设的层面，不断进行科学的探索，通过制度建设保证我国大学党的权力、行政权力和学术权力形成有机统一的内在合力，我国大学就完全能够在国际教育的激烈竞争中占有一席之地，应当充分相信，我国现有的大学制度完全可以引领出世界一流大学。

3. 抵制不良文化的消极影响

在以先进文化为主流的大背景下，一些大学的校园也出现了一些与先进文化不协调的不良文化，对大学生群体的健康成长具有一定的消极影响。调查表明，大学生自身在创制和传播校园不良文化方面具有重要作用。主动接受大学先进文化的熏陶和抵制不良文化的浸染，应当成为大学生的自觉行动。

第三节 时间管理的概念及误区

当今社会，"时间就是金钱，效率就是生命"的观念已逐渐被人们认识和接受，成为现代社会人们的座右铭。社会的发展和科技的进步，要求人们具有强烈的时间观念，从而自觉、有效地利用时间。因此，对于当代大学生来说，实施时间的自我管理并开发时间自我管理的技能就成为其学习活动中的重要任务之一。

一、时间管理的内涵

（一）时间的含义

查第格说："世界上最长的莫过于时间，因为它永无穷尽；最短的东西也莫过于时间，因为人们连计划都来不及完成。在等待的人看来，时间是最慢的；在作乐的人看来，时间是最快的。时间可以扩展到无穷大，也可以分割到无穷小。当时谁都不加重视，过后谁都表示惋惜。没有时间，什么事都做不成。不值得后世纪念的，时间会把他冲走；凡属伟大的，时间则把它们凝固起来，永垂不朽。"[1]

查第格将时间的特点为我们描绘得有声有色，从表面来看，时间每时每刻都存在于每个人的身边，它不仅是衡量过去式、现在式和将来式的标准，而且从本质上来说是一种稀有的、珍贵的资源，并不用花费钱财和精力去获取，但也是用任何代价都买不到的。

时间是一个大系统，由秒、分、刻、时组成，它应具有四个层次的含义：

1. 个人的时间

它构成每个人的生命，也构成了整个社会。它是私有的，又对社会产生着影响。

2. 他人的时间

个人和他人的时间互相影响、互相联系、互相制约，构成时间网络。

3. 社会的时间

它是共有的、大的时间系统。它的一天和每个人一样多，也只有 24 小时。

4. 历史的时间

它是一个纵向的概念，即时间具有阶段性、连续性，是动态的、前进的。

（二）大学生时间自我管理的内涵

时间自我管理，从广义来说，包括对个人时间、他人时间、社会时间、历史时间的统筹、协调，使这一大网络有效、节约地运转，为社会更好地服务，从狭义来说，一般只指个人对时间的管理，即将个人有限的生命时间高效地利用，将

---

[1] 严中华，蔡美德，彭文晋. 大学生自我管理技能开发［M］. 广州：华南理工大学出版社，2003：63.

无效的时间降低到最低限度。

时间管理并不神秘，实际上人都在自觉或不自觉地实行时间管理。比如，我们每天都在用的课表本身就是一种时间计划表。可能自己已经制订了一个学习计划，今天早晨干什么、晚上做什么等。即使没有形成计划，但在头脑中时都会对"下一步"进行计划。时间自我管理与这种自发时间管理相区别，时间自我管理是指人们具有强烈的自我时间意识，强调对时间进行高效、有序的管理与控制，特别重视对脑力劳动时间的量化分析与科学管理。大学生的时间自我管理是指大学生这一特殊的青年群体为了充分而有效地利用大学时间掌握更多知识和技能以及培养良好的素质，对自我时间进行计划、组织、控制等的一系列活动行为。

（三）大学生为什么要进行时间管理

人是一种时间的存在，这不仅指人生活在时间中，而且是通过时间而存在。时间的一维性决定了生命的一维性，尽管每个人所走的人生道路不同，但有一点是共同的，即一个人的生命历程不能重复，不能逆转，人生道路不能试走一次。正如思想家罗曼·罗兰指出的那样："人生不是旅行，不出售来回票。"[1] 对每个人来说，生命只有一次，生活无法重演，历史无法重写。正因为如此，当时间从身边匆匆而过的时候，能否及时把握好时间、进行时间自我管理是至关重要的。

罗马尼亚青年学家马赫列尔把青年与成年、老年放在一维时间的轴线上进行比较，这个比较对于我们从生命的客观过程了解青年的特点有一定的启发意义。他认为，在人面临的三个时间领域，即经验领域（过去）、存在领域（现在）和发展领域（将来）中，青年的特点是未来和过去不对称，相对来说，经验的领域比未来的领域小得多；对成年人来说，三个时间领域是相对平均的；而老年人的情况则与青年人相反。因此，他指出，未来是青年所固有的。对于儿童来说，同未来联系起来还为时过早，他还有待于认识和把握现在；对于老年人来说同未来联系起来已为时过晚，他们曾经向往的未来已成为过去，实现新计划的时间越来越有限；成人虽然继续走向未来，却往往背着过去沉重的包袱，并受到当前各种

---

[1] 曹成玉．"出发"导写［J］．新高考：语文备考，2011（4）：15-17．

需要的限制；只有青年时期，未来才成为占主导地位的因素，亦即有最广阔的展望性前景和具有把握选择的最大可能性。从这一意义上来说，青年实施时间自我管理对于整个人生的发展更具有特殊的意义。

大学生实施时间自我管理、开发时间自我管理技能的意义主要表现在如下三方面：

1. 培养应变能力的需要

新世纪，社会瞬息万变，新事物、新问题、新观念层出不穷。适应现代生活，必须善于应变。现代大学教育目前也正处于高新技术革命时代背景下的巨大变革时期，教育的传统思维模式渐渐被打破，一种新的、自觉的学习机制将取代以往的学习方式，个人的知识结构也将向更广阔、更自主的组合方式发展，自由度更大、选择性更强。因此，作为教育主体的大学生应具备果断把握事物变化的能力，能够抓住事物的本质和发展方向，在不断变化中能及时调整自己的学习目标、学习计划，制定新的时间表，并付诸行动。这就要求加强大学生的时间管理技能，否则，大学几年匆匆而过，大学生还在变化的十字路口犹豫不决，浪费了时间，最终的学习目标也没有达到。

2. 实现自我调适的需要

从中学迈入大学是人生一个重要转折点，大学与中学相比，不但所要学习的内容多、所要掌握的信息量大，而且学习的方式大不一样。教师的培养方式从"家长式"转向"指导式"，即不再是手把手去教学生如何去做，而是指导学生自己掌握处理个人活动的各种技能，尽管大学许多活动都是以时间表的形式设定好的，如课外作业、课堂学习、课间活动、课外娱乐、实验、上下课路途花费时间等，但是这些错综复杂的时间有相当大的弹性，是可伸缩的。也就是说在大学，学生有了更多自主学习的时间。这一点，对许多初进大学的学生来说，并不是一件舒服的事，因为他们已习惯于老师、家长来管理他们的时间，当时间的管理权由自己来掌握时，反而不知所措，不知如何运用时间。再加上入学后，原来的目标（考大学）已经实现，原驱动力也就消失了，又未能补充新的动力、新的目标，对时间利用的盲目性就更大。很多同学就是由于没有尽快实施时间自我管理和开发自我管理技能，一大把时间白白地被浪费了。每当完成一天、一星期、一学期的学习之后，很多同学会发现自己对于时间的计划、运筹、实施的能力是那么有限，总是留下"我当时如果怎样的话，现在就会将时间利用得更好"之类的遗憾。因此，实施时间自我管理、掌握时间自我管理技能是大学生尽快适应大学的学习方式，也是有效地度过大学求知阶段的需要。

3. 抓住时机的需要

我们先看这样一则小故事。哲学家苏格拉底带着他的学生走向麦垄，对其学生说向前走，摘最大的麦穗，只许进不许退。有的学生就埋头前行，总觉得最大的还在前面，一直到尽头也没有找到最大的那一棵；有的学生一路走一路摘，看到一棵又觉得手中的并不是最大的，又把手中的扔掉，到了尽头也没有一棵是满意的。这时，苏格拉底苍老的声音响起来："这麦地里肯定有一棵是最大的，但你们未必能碰见它，也未必敢下断语，其实，最大的一棵是你手中摘得的那一棵。"

这个故事闪烁的哲理光辉是对未来有一个美好的追求，并不排斥对理想的追求，也不排斥那种不达目的决不罢休的矢志不渝的精神；但应面对现实，珍惜机遇，找到自身与需要的结合点，抓住今天的机遇。实质上，机遇是历史的时间对每个人的恩赐。如果没能很好地抓住机遇，可能你最终也会达到目标，但浪费了大量的时间。

实施时间自我管理、掌握时间管理技能会帮助我们抓住时机，尽可能不浪费时间，提高时间资源的利用效率以及合理利用时间资源。

二、时间管理的误区

我们探索克服时间浪费问题的途径便是培养走出时间管理误区的技能。时间管理的误区是指导致时间浪费的各种因素。以下列出时间管理的五个误区，请大家仔细阅读并分析，看看自己是否存在同样的问题。

（一）无目标无计划

目标犹如夜晚的北斗星，可以指引大漠中迷路的人走出绝境，然而在生活中，很多人浑浑噩噩、目标不清。我们常常说某人没有进取意识、对自己要求不严、懒惰，这与此人的目标不清或实现目标的时限不清有着密切的联系。目标不清或实现目标的时限不清会使人缺乏紧迫感，缺少行动的动力，就会任由时间白白流失。

计划包括计划单位时间内完成的目标任务，计划单个目标任务完成的时间和完成方式。没有计划就分不清轻重缓急，导致眉毛胡子一把抓，学习时间平均且不能精于一样；没有计划就不能统筹安排时间，大段的时间被零碎分割，学习经常停顿，在重新学习时，要重新调整大脑活动并集中注意力，使得大量时间被消耗。

（二）拖延时间

拖延是指把不愉快或成为负担的事情推迟到将来做，特别是习惯性这样做。拖延是时间管理中的重要障碍。拖延会使人失去很多宝贵的机会，浪费大量时间，甚至让人一生都可能后悔莫及。

（三）对学习认识不足

对学习认识不足反映在行动上有三种表现：一是在获得解决某个学习问题所需足够资料之前，就试图着手解决这个问题，匆忙的决定在执行过程中易出偏差，修正更易耗费时间；二是注重学习效率，一味追求完美，如学习记录本来记得工工整整，由于不小心弄脏了一点儿，就修来改去甚至重抄一遍，结果浪费掉大量时间；三是拘泥于形式，把学习复杂化，不去思考是否有更简单的方法解决问题。

（四）无视生物钟，空耗时间

有一种错误观念，那就是人们认为，在一件事情上花费的时间越多，就代表这个人越努力。心理学家研究表明，人的注意力只能集中三个小时。时间再长注意力就会分散，时间就会被空耗。因此，我们应该学会集中注意力，在短时间内取得最高的学习效率。

（五）抗干扰能力差

当我们集中精力完成某任务时，经常会受到来自各方面的干扰，主要有不合时宜、不合情理、无义务履行的请托，频繁的电话，串门的客人。很多时候我们碍于情面无法说出"不"，于是许多宝贵的时间被浪费掉了。

第四节 大学生时间管理的原则和方法

一、时间管理的原则

时间管理能力的提升要遵循一定的原则。

（一）确立时间观念

1. 守时的观念

守时是时间自我管理的最基本观念，一个善于自我管理的人，必定是一个有时间观念的人。

北宋政治家司马光少年时，曾别出心裁地锯了一段圆木作为自己的枕头，名之曰"警枕"，因为以此为枕，只要一翻身，圆木就会滑而打转，人自然就会被惊醒。每次警枕惊醒司马光之后，他就起床读书。康熙皇帝在他的座右铭中写道："不可一日不写字，不可一日不看书。"国画家齐白石手书条幅："不教一日闲过。"美国创造工程学家奥斯本的行为准则是"日行一创！"。这类事例，举不胜举。珍惜时间，培养自己的时间观念、守时观念，才不会虚度光阴。

2. 效率的观念

效率通常是"多"和"快"的概念，也可以说是"投入"和"产出"相比较的概念。当我们说一项任务完成得快，在同样时间内，工作做得多，或者以较少的"投入"得到较多的产出时，就被认为是效率高。无论是技术的发展，还是管理科学的研究，无一不是致力于提高效率，"效率就是生命"。

对于大学生来说，要进行时间自我管理，效率观念是至关重要的。在大学校园内，效率观念不强直接影响到时间自我管理的运作。有些同学制定了学习时间表，但浪费时间的现象屡见不鲜。如因为想多睡一会儿，上课可以迟到；因为吃早餐，可以晚几分钟进教室；因为老乡有约（没有什么特殊事情）可以不去上课；因为周末回家，周一早晨的第一节课就睡了觉或者干脆不返校。大学生在三年、四年的大学学习时间内本可以掌握更多的知识和获得更高的技能，却因为效率观念不强、时间的大量浪费，致使效率低下而留下遗憾。

3. 有效性的观念

有效性是指由各种行为产生的有效结果。大学生进行时间自我管理时不仅要注重效率，更要注重有效性。否则会出现效率越高，效果越差的结果。

（二）遵循时间管理的流程

时间管理过程本身就是一个动态的平衡过程，处于从目标设立、计划、反馈到修正的周而复始的动态循环中。

1. 设立目标

时间目标设立是指着眼于将来，设立方向并预设效果，是为自己实现目标合理组织时间和管理时间提供方向的一种技能。

具体来说，目标应具有五个特性才会对时间自我管理起到导向作用，否则，即成为海市蜃楼，可望而不可即。这五个特性为目标表述必须具体、目标必须有量化标准、目标的标准必须是可以达到的、目标必须有时间限度、目标的结果必须经得住时间的考验。

（1）目标设置的分类

目标设置与目标实现的时间间隔相联系，按时间实现的长短来分类，可以分为长期目标、中期目标、短期目标，按照实施计划包括的范围大小，可以分为总体目标、阶段性目标、子目标，按照活动项目分类，又可以分为学习目标、身体保健目标、社会实践目标、综合素质目标等。在每一个项目下，还可以做进一步划分，例如学习目标又可以划分为各科目目标。

总体目标在某种程度上是和长期目标相对应的，但又不完全相同。总体目标包括较大的范围，是一系列目标的总体，既可以是长期目标的总体，也可以是中期、短期目标的总体，也可以是各个项目目标的总体。因此，它的最基本特征是可分解性。

总体目标的设立又是相对的，可能是较大范围目标的一个分解部分，我们给分解的目标定义为子目标。比如你在大学期间的总体目标是成为三好学生，但这一目标对整个人生来说不过是一个子目标。

每个人的总体目标都是多极的，因此，我们要将若干个总体目标分类。例如，某位学生在入学以后确立了这样的一系列目标：英语通过国家四级、计算机通过程序员考试、其他科目达到 B 级、去图书馆看一些有意义的书籍提高自己的阅读水平、锻炼好身体、交几个好朋友、参加各类学校团体活动提高自己的综合素质等。那么，我们可以将以上目标分成更为综合的大类：学习类、课外生活类、社交类、素质提高类等。这样，总体目标不至于太过繁杂，便于对大块时间进行分配。

（2）将每类总体目标分解，逐步落实

每类总体目标都是相对于整个大学阶段将达到什么水平而设定的，这样对于每学年来讲，每类总体目标就有了阶段性目标，将阶段性目标进一步分解成子目标，然后逐步落实子目标。反过来，每个子目标的落实就意味着阶段性目标已经实现，实现每个阶段性的目标意味着总体目标的实现。

2. 做好计划

计划就是在事件尚未发生之前，为了取得好的实施效果，与个人任务相对应并对未来时间作出相对合理的分配。计划是为了实现系统目标，与时间自我管理系统目标相联系，它是合理、有效地利用时间资源的有力保障。计划越全面、越周密，就越能接近实现或完全实现自我管理目标。

计划技能包含两个方面的内容：一方面，对实现总目标、子目标的各环节的活动进行合理的筹划；另一方面，将时间结构和各活动一一对应，列出时间计划表。

计划不是为了计划时间而计划，而是为了目标，一般应遵循下列原则：

第一，计划要有机动性，按照规则去分配时间。即仅对 60% 的时间做详细计划，其余 20% 机动，另外 20% 不做详细计划，只供备用。

没有一个计划是独立的，和过去的计划，以及将来的计划都是有关联的。制订有机动性的计划，可以有一部分时间对过去计划进行修整，又留出一片空间给自己去考虑将来时间的分配以及不可预计事件的发生，同时又可以及时弥补在实施过程中的偏差。

第二，计划要有优先性，即将重要的事务优先办理，在时间计划中重点体现，对相对不很重要的事务可以安排相对少的时间。这样，便能做到有的放矢。

第三，计划要与学校、教师、同学（尤其是同宿舍同学）的计划相协调。如果与其他个体计划冲突，将会影响计划的实施进程而起不到节约时间的作用。

第四，计划要切实可行，立足本人的实际，制订自己能够完成的计划。否则，计划只是一个摆设，没有实际利用价值。

第五，长期计划和短期计划相结合。与目标相对应，按照时间自我管理过程长短来分类，分为长期计划（一般为3~5年或者更长）、中期计划（一般为1~3年）、短期计划（一般为3个月~1年）、临时计划（一般为1周~3个月），按照范围来分类，分为总体计划、阶段性计划、子计划，按照计划的内容分又可以分为学习计划、身体保健计划、课外生活计划、阅读计划等。

3. 时间组织

时间组织简单来说就是对时间进行合理安排。它以目标正确、计划得体为前提，是计划技能的进一步深入和进一步落实，在技能构成中处于承上启下的地位。

（1）时间组织的方式和步骤

每个人时间组织都有自己的特殊方式，一般来说，我们要将时间分为开始、过程和结束三个单元，再分别对三个单元的活动进行分类、优化组合。例如，以一天的时间组织为例，基本上可以将一天分成三个组织单元：一天的开始，一天的过程，一天的结束。

（2）努力利用零散时间

如果对时间进行跟踪，每个人就会发现这样一个很容易被忽视的问题：每一天总有那么一些时间不知道用去做什么了。这些时间往往是零散的，如果不很好地组织它们，日积月累也会浪费很大一部分时间。有意识地去利用零散时间对大学生时间观念确立和自我管理时间组织是很有好处的。

4. 控制

控制就是时间自我管理个体在实施计划的过程中对自己的情感、行为、环境等各方面恰当地控制，从而保证计划顺利运行的一种技能。有了合理的计划和周密的组织环节先行，如果没有对时间和自己行为的控制，不去很好地遵从和实施，那么，计划和组织就只是纸上谈兵。不要因为一些可有可无的理由将已经计划好的事情推到明天，"今日事今日毕"。无论何事，要努力在计划时间内将它做完。

控制的环节包含以下三项任务：检查实际情况，是否你已经达到预期的目标？对比实际完成情况和你的预期目标，你达到了目标的什么程度？采取积极的措施避免偏离目标，你怎样使结果趋近于你的目标？

5. 反馈及修正

反馈是指时间自我管理者在实施计划过程中及时收集有关信息以确保计划合乎实际、能够有效运行的一种技能。修正是指时间自我管理者利用反馈环节的信息，对计划及时调整或者获得更有效的计划经验的技能。

反馈和修正是在计划执行的过程中，结合实际情况，了解到计划环节与实际的差距、反馈影响计划执行的信息、不断修正时间计划表、使其更接近于客观实际，使计划取得更优效果的一种技能手段。两个技能互相关联、互相制约，为计划设立和计划执行提供信息和经验，是计划有效运行的保障和向更高一级循环的手段。

时间管理的最终目的是实现预期的计划目标，并不是管理时间。因此，反馈、修正这两个技能环节是必不可少的。它们主要反映了管理原则中的动态平衡原则和反馈控制原则。在管理时间的过程中要注意管理效果的信息反馈，以便随时调整管理的计划，使目标不断向高一级滚动、不断接近实际，达到优化。

反馈、修正的步骤包含如下步骤：第一，收集有关影响计划进行的资料；第二，及时获得计划执行的信息；第三，总结经验，以利于下一步计划的制订。

二、时间管理的方法——优先管理

（一）优先管理的含义

为了使我们能顺利地利用计划、组织和控制等自我管理技能，对自我时间进行有效管理，我们还应掌握一些特殊的管理技能和方法。其中最重要的就是优先管理的方法。

优先管理也被称作时间第三代管理，是目前正在流行、讲求顺序观念的一种管理方法，即根据轻重缓急设立短、中、长期目标，再逐日订立实现目标的计划，将有限的时间、精力加以分配，争取最高的效率，实现时间优化组合的一种方法。但它又不过分强调效率，因为过分强调效率反而会产生负面效果，将时间绷得紧紧的，使人失去增进感情、满足个人需要以及享受意外惊喜的机会。其具体思想是：

第一，不要被时间牵制，而要管理时间，认识自己的任务和自己想要做的事。

第二，要有自己的计划、想法和目标。能列出具体计划去实现自己目标的人，就是善于利用时间的人。

第三，做事能分轻重缓急，即善于用优先顺序利用时间。

第四，间接利用别人的时间为自己服务，从而提高自己的时间利用率。

第五，有效利用时间的基本步骤就是如何制定一个好的计划表。计划得体，往往会大大地提高工作效率。

第六，时机是有效利用时间的一大资源，抓住时机，不要让时间从指缝中溜走。

第七，创造充分利用时间的气氛和环境。

（二）优先管理的实施步骤

优先管理的具体实施步骤及技能要求可分析如下：

1. 按重要性和紧迫性对所有可能的活动进行分类

重要性是相对我们所设定的目标而言的。凡是最有利于目标实现的活动就是重要活动，否则就是不重要的活动。例如，你在大学的目标是获取更多的专业和职业知识、技能，那么，谈恋爱、睡觉、看电视就不是你的重要活动。依据重要和紧迫性将所有的在校活动分成四大类：重要而又紧迫的活动，重要但不紧迫的活动，不重要但紧迫的活动，不重要又不紧迫的活动。

2. 进行优先顺序确定

上面我们对各类活动依据急迫性与重要性、有效性和效率各分为四类，并列举了日常的一些事例，可以依据下表建立优先顺序（表2-4-1）。

表 2-4-1　优先顺序表

	紧　迫	不很紧迫
重要	A 任务 （马上处理）	B 任务 （分阶段处理）
不重要	C 任务 （酌情处理）	D 任务 （抑制）

上表将任务组合为四类，分别列于四个方格中。在表格中，将紧迫和重要的列为 A 任务（第一顺序），不很紧迫但重要的列为 B 任务（第二顺序），紧迫但不重要的列为 C 任务（酌情处理），不重要又不很紧迫的列为 D 任务（避免处理）。实际上，上述的四个方格的组合也体现了高效率（低效率）和高效果（低效果）的组合。对紧迫且重要的任务做得好体现了高效果和高效率的组合；对重要但不紧迫的事情日常很少去做，则成为高效果和低效率的组合；对不重要不紧迫的事的处理则成为低效果和低效率的组合；对不重要但紧急事件的处理成为低效果、高效率的组合。从效果和效率的角度出发，高效果和高效率的组合是最佳的，应该排在优先位置。

3.进行时间分配

利用柏拉图原理（也称"80∶20 原则"）进行时间分配。这个原理在被意大利经济学家柏拉图（Preto）提出后已在多个领域证明是有效的。对生产管理者来说，这意味着在整个生产过程中首次花费 20% 的时间（输入）实现了生产结果的 80%（输出），剩下的 80% 的时间花费仅仅占总结果的 20%。我们可以根据这个原理按照活动对目标实现结果的贡献大小将其分类为 A、B、C 三档。

第一，A 任务占所有活动的 15%。这些任务的实际价值（依照它们的贡献对总业绩）是 65%。

第二，B 任务占总任务的 20%，其价值占总价值的 20%。

第三，C 任务占总任务的 65%，但仅仅占 15% 的总价值。

同理，对于 A 任务，意味着要用 65% 的时间去完成它，对于 B 任务，意味着要用 20% 的时间去完成它，对于 C 任务，意味着要用 15% 的时间去完成它。也就是说，对大学生来说，除了 8 小时的休息时间外，一天有 16 小时可支配，那么其中必须用 10 小时处理 A 类任务，3 个多小时用于 B 任务，2 个多小时用于处理 C 任务，D 任务尽量不占时间。如果不把上课时间放在其中考虑，假如一天只有 8 小时自由支配时间，那么 A 任务占 5.2 个小时，B 任务占 1.6 个小时，C 任务占 1.2 个小时。尤其要注意的是，A 任务安排时间段应该是一天中精力最好、头脑最清醒的时间，如早上 6：00～7：30，晚上 7：00～10：30 等。

第五节　大学生时间自我管理的评价

一、时间自我管理评价的内涵

时间自我管理的评价就是根据自己时间管理的实际状况，通过定性和定量的分析，对管理效果进行综合、系统的评定。通过探讨时间消费的价值，开发和挖掘时间资源的潜力，对时间输出进行事前分析、控制，以达到消耗最少的时间取得最佳效果的目的。

时间自我管理评价是对成果的评价而不是对活动的评价，也就是说，时间管理水平是从定量的时间消耗所获得的成果来评定。因此，时间管理的评价应遵循的原则是：第一，效率与有效性相统一的原则。只讲效率不讲效果必然导致时间严重的浪费，而只讲效果不讲效率同样也浪费时间。第二，定量与定性相结合的原则。评价方法要尽可能量化，即使不能定量分析也要做定性分析，并通过制定标准，规定好程序，使之标准化、程序化。

二、时间自我管理评价的指标及评价

时间管理的评价是通过评价指标来体现的，这种指标要能真实地反映时间管理成效。通常我们用时间效率（利用率）和时间有效性来衡量。时间效率（利用率）反映的是时间自我管理者在一定的时间内，开展有用活动和做有用事耗费的时间与总耗费时间的比值，即：

$$时间效率（利用率）=\frac{有用任务耗费时间}{全体任务时间}$$

这是一种定量评价的指标。

时间的有效性指标,反映的是在一定的时间或单位时间内,学生做正确事情的能力。它强调做正确的事情,活动才有效,否则不仅是浪费时间,而且活动也是无效的。

从这一角度出发,我们设置一个表格用来对时间管理的可能效果作出评价(表2-5-1)。

表 2-5-1 时间管理自我评价表

自我评价内容	几乎从未(0)	有时(1)	经常(2)	几乎总是(3)
1.因不开心使任务拖延				
2.延迟不满意却必要的决定				
3.当遇到棘手的事件时,去别人那里寻求良策				
4.凡事都自己做				
5.能自己解决几个问题				
6.上课迟到				
7.在未考虑好如何用最好的方式去处理事情前就已经着手去做				
8.为了其他事情打断现在的事情				
9.推迟已经开始的但棘手的任务				
10.不专心学习、走神				
11.课外复习一至两个小时中间不休息				
12.你经常被别人打扰,无法完成任务				
13.用处理最重要事情的时间去完成第二重要的任务				

（续表）

自我评价内容	几乎从未（0）	有时（1）	经常（2）	几乎总是（3）
14. 仅仅因为兴趣去做并不属于自己的事				
15. 仅仅因为不能说"不"而在任何时候都选择承担任务				
16. 处理数不清的事物				
17. 甚至不必要时也试图使事件完美				
18. 想知道所有的事实				
19. 仅仅因为被人劝诱就采取行动				
20. 总是试图帮助其他同学做相关工作				
总计				

在上述20条项目中，当回答是全面否定即栏目里的"几乎从未"时，也就是你的分数叠加为零时，你的时间管理有效性最强；当你得到的分数越高，表明你的时间管理有效性越不足；当你的总分超过36分时，表明你的时间自我管理水平不及格；当你的总分低于9分时，表明你的时间自我管理的有效性很强，处于9~21分时为良好，处于21~36分时为一般。

第三章 大学生人际交往的自我管理

人际交往能力是大学生自我管理的一项重要内容。交往使大学生学习知识，掌握技能，建立功业。积极的人际交往有助于人形成积极的人格，适应社会的发展；消极的人际交往则会导致人产生心理冲突，阻碍其适应社会。因此，我们有必要对大学生人际交往的自我管理进行研究。

第一节 人际交往概述

一、人际交往认知

（一）人际交往概念

人际交往是指人们运用语言或非语言符号交换意见、传达思想、表达感情和需要等的交流过程，包括物质交往和精神交往。从动态的角度来说，人际交往表现为人与人之间的、一切直接或间接的相互作用，超不出信息沟通与物质交换的范围；从静态的角度讲，人际交往表现为人与人之间通过动态的相互作用形成的情感联系。

与人际交往相关的概念有人际沟通、人际关系等。人际沟通是人际交往活动的起点和手段，人们通过沟通实现彼此的交往。人际关系是在人际交往的基础上形成的、人与人之间的心理关系。与人际沟通、人际关系相比，人际交往更具整体性，并强调人们在心理、情感上交流的动态过程。

（二）人际交往的过程

从最开始建立交往到双方情感的深入发展是需要一定过程的，这个过程是一个由浅入深、由表及里的渐进发展过程。从整体上看，人际交往过程可以分为以下四个阶段：

1. 定向阶段

定向阶段也叫"相互觉察阶段"。在人际交往的过程中，人们对交往的对象具有很高的选择性。在定向阶段中，人们会根据自己的交往需求将注意力集中在那些会激起自己某方面兴趣的人身上，并通过初步接触，判断其是否可以作为交往和建立人际关系的对象。在这个阶段中，双方在交往时所接触的信息都是表面的，其目的是对对方有一个初步的了解。这个阶段的时间跨度会随着交往对象彼此之间的契合度而表现出明显的差别。如果在初步接触后有相见恨晚的感觉，交往双方就有可能成为密友；如果在初步接触后觉得不是自己所喜欢的类型，交往双方就可能会选择其他的交往对象。

2. 情感探索阶段

情感探索阶段也叫"表面接触阶段"。在人际交往中，交往双方在确定了对方是自己的交往对象之后，在沟通方面会有所增强，自我暴露的深度和广度也会逐渐增加。但在这一时期，交往双方的沟通仍然停留在表层，选择的话题大多避免触及别人具有私密性的领域，自我暴露的内容也不涉及自我的根本方面，交往双方只是在进一步接触中寻找共同的心理领域，以形成情感联系。

3. 感情交流阶段

感情交流阶段也叫"关系建立阶段"。在人际交往中，交往双方经过一段时间的交往，已经建立了信任感和安全感。在这一时期的交往中自我暴露的深度和广度也会不断增加，开始讨论一些私人性的问题，如工作、生活中的烦恼，家庭中的情况等，并且会主动从对方的角度出发，考虑对方的利益，并会真诚地提出自己的看法。

4. 稳定交往阶段

稳定交往阶段也叫"亲密互惠阶段"。在人际交往中，当情感交流具有一定的稳定性和深度之后，交往双方会建立起稳固的信任关系，允许对方进入自己高度隐秘的个人领域，彼此分享幸福、分担痛苦，这种关系也就是我们常说的知己关系。

人际交往的过程虽然可以分为以上四个阶段，但是并不是所有的交往都会经历这四个阶段。有些人的交往会停滞在某一阶段，有些人的交往会因为某种原因使交往关系由深变浅，甚至拒绝交往。正因为如此，才会有"人生得一知己足矣""千古知音最难觅"的说法。

（三）人际交往的心理效应

在人际交往中，对交往对象的认知、情感、态度等会直接影响交往的程度。研究者发现，在人际交往中，一些心理效应会对交往双方的关系产生一定的影响。这些心理效应主要有以下五种：

1. 首因效应

首因效应是指人在交往过程中，由先前的信息形成的最初印象对其后来信息的影响。这里的最初印象也就是我们所说的第一印象。在人际交往中，第一印象往往是深刻的、鲜明的、牢固的，这种印象在个体社会认知过程中所起的作用要比以后得到的信息更强，甚至会使人产生心理定式，在今后很长一段时间内，都会左右对他人行为的解释。即使他人的表现与"第一印象"发生改变时，个体在一段时间内也不会轻易改变对他人的看法。

2. 晕轮效应

晕轮效应又称光环效应，是指在人际交往中，人们常常会从对方所具有的某个特征泛化到其他一系列的特征上，也就是根据少量情况对他人作出全面的结论。我们常说的"情人眼里出西施"就是这种情况。当一个人的一个优点被他人过多关注的时候，人们有可能在主观上把这一优点放大，认为他在其他方面也很好，给他笼罩一个"好"的光环；相反，当一个人的一个缺点被他人过多关注的时候，人们也有可能在主观上把这一缺点放大，认为他什么都不行，给他贴上"差"的标签。这就是在人际交往中的晕轮效应。晕轮效应在现实生活中往往是使人们对其他人产生偏见的根源，所以我们需要注意晕轮效应所带来的影响。

3. 近因效应

近因效应就是最近一次交往的印象对人的认识所产生的影响。这种心理效应对熟人之间的交往影响较大，因此，我们在人际交往过程中，要认真对待每一次交往，特别是在熟人之间，不能因为是老熟人，就把交往的注意事项抛诸脑后；否则，对方只要稍有计较，或做一次不恰当的归因，以前的友情就会前功尽弃。

4. 刻板效应

刻板效应也叫刻板印象，是指在人际交往中，个人对某一类人或事物产生的一种比较固定的、类化的看法。在人际交往中，有些人会不自觉地对他人按照年龄、性别、职业、民族等特性进行归类。例如，男生认为女生心细、胆小、娇气等，这些都是刻板效应带来的认知。

刻板效应也会使人犯以偏概全的错误，使认知产生偏差，从而给人际交往带来一些问题。例如，某些地域歧视、性别歧视、年龄歧视等，都与刻板效应有很大的关系。

5. 投射效应

投射效应是指在人际交往中，认知者在形成对别人的印象时总是假设他人与自己有相同的倾向，即把自己的特征投射到其他人身上，认为他人也是如此。

投射可以分为两种。第一种是个体把自己没有意识到的某些特征投射到别人身上。例如，有的人并没有意识到自己对他人存在敌意，而是认为别人对自己有敌意。第二种是个体把自己意识到的某些不称心特征投射到别人身上。例如，爱讲假话的人总以为别人在骗他，不愿相信别人；在考场上想作弊的学生，总感觉到他人都在作弊，自己若不作弊就吃亏了等。

（四）人际交往的吸引规律

人际交往中的吸引规律主要有以下五种：

1. 对等吸引规律

心理学家研究发现，人们最喜欢那些对自己的喜欢程度不断提高的人，最讨厌那些对自己的喜欢程度不断减少的人。这是因为，没有渐进过程地喜欢一个人，往往使人感到轻率、唐突，喜欢程度逐渐增加，使人感到成熟、可靠。

2. 接近吸引规律

在人际交往中，交往的双方如果有很多的相似之处，那么他们之间就会相互吸引，这也就是我们常说的"物以类聚，人以群分"。接近吸引规律中涉及的相似因素包括民族、年龄、学历、社会地位、职业、兴趣、观点、修养等。接近点和共鸣点越多，交往深化的可能性越大。

3. 诱发吸引规律

在人际交往过程中，如果人们受到某种诱因的刺激，而这种刺激正好投其所好，就会引起对他人的注意和交往兴趣，如得体的打扮、妙语惊人的谈吐、风趣幽默的故事等都可以增强他人对自己的注意，从而吸引他人与自己进行交往。

4. 互惠吸引规律

心理学的研究发现，人都有追求奖赏、幸福而避免惩罚、痛苦的心理需求。人们对乐观开朗、助人为乐、富于幽默感、有进取精神的人，常常存在倾慕之情。因为与这种人相处，能给人带来欢乐。对具有相反性格的人，一般来说较为嫌弃。如果交往的双方能够给对方带来知识、生理、心理和政治等的收益、酬劳，就能增加相互间的吸引力，换句话来说，就是双方都会因为可以获得愉悦感而进行交往。

5. 互补吸引规律

当双方的个性或需要及满足需要的途径正好为互补关系时，就会产生强烈的吸引力。互补的范围包括能力特长、人格特征、需要利益、思想观点等多个方面。这是因为人们都有要求自我完善的倾向，当个人无法实现这种要求时，便会从他人身上获得补偿，以达到满足个人需要的目的。

二、大学生人际交往的特点

与其他类型的人际交往以及大学阶段之前的人际交往相比，大学生的人际交往呈现出了以下五个特点：

（一）感情色彩浓

大学生普遍希望通过交往获得友谊。受对友谊的珍惜与渴求，以及青年人具有丰富情感的心理特点的影响，大学生在人际交往中，十分看重感情的交流，追求情投意合和心灵深处的共鸣。

由于有些大学生情感不稳定，起伏比较大，表现为时而欢欣鼓舞、时而焦虑悲观，因此人际交往也会受到相应的影响，并且容易感情用事。

（二）富于理想色彩

大学生的人际交往具有浓厚的理想色彩，比较重思想，纯洁真诚。无论是对朋友，还是对师长，都希望不掺任何杂质，以理想标准要求对方，一旦发现对方某些不好的品质就深感失望。与其他人群相比，大学生在人际交往中遇到挫折，会产生比较强烈的挫折感，更容易产生心理问题。

（三）交往的范围扩大

大学生的交往范围与以前相比有了明显的扩大，他们的交往范围由以前的亲缘、朋辈转向更广泛的社会交往群体。同学交往不局限于同班同学，发展到同级、同系甚至是同校的可认识的所有同学；同性交往和异性交往的比重都有所增加。

（四）平等意识较强

在大学生人际交往中，其交往对象以同龄人交往居多，其主要的人际关系是同学关系，属于横向关系。由于大学生个人阅历、社会经验、认知能力、思想观念都大致相同，因而就不会像上下级之间、亲子之间一样形成服从和依赖关系，而是比较平等的关系。

（五）自主意识强

无论是活泼好动的大学生，还是孤僻好静的大学生，在交往中都会表现出一种自主性，这种自主性主要体现在以下两方面：

第一，从交往的意愿上来看，大学生的交往是积极主动的，他们愿意寻找与自己兴趣相同或相似的交往对象。

第二，从交往的约束力上来看，大学生的交往外在约束力不强，绝大多数社会活动的参加与否可由个人选择，强迫或被动的成分较少。

第二节　大学生人际交往中常见的问题和管理

大学生思想单纯、兴趣广泛、人际交往需求强烈，在这种心理作用下，他们的人际交往整体状态是和谐的。但是有关调查也显示出大学生在人际交往过程中，存在着一定的问题需要我们注意。

一、大学生常见的人际交往问题

（一）社交自卑

社交自卑是指个体在人际交往中常常因为缺乏自信而难以与他人保持正常的交往关系。存在这种问题的大学生在人际交往过程中，常常会觉得自己不如别人，看不到自己的长处，在交往的过程中畏首畏尾，不轻易与他人进行交往，总是给自己套上副盔甲，拒绝别人的靠近。

（二）社交自负

社交自负是指个体在人际交往中过高地评价自己，不信任他人。存在这种问题的大学生在人际交往过程中，不能设身处地地为他人思考，不允许别人批评自己，总认为自己比别人优秀，别人处处不如自己，常常固执己见。

（三）社交冲突

社交冲突是指个体在态度、观点、行为、动机等方面发生不兼容或矛盾时所产生的一种紧张、不和谐、敌视，甚至是争斗的关系。大学生处于特定的生理发展期，自制能力较弱，遇事容易冲动，往往会因为一些小事而产生冲突，在产生冲突之后，双方又碍于情面不对冲突进行解决，从而导致冲突的升级。从恶语相向到动手，最终不仅伤害了同学之间的感情，而且也可能会产生一些不良后果，严重时甚至会危及生命。

（四）社交恐惧

大学生正值风华正茂的年龄，渴望获得友谊，希望广交朋友。但有些大学生由于存在社交恐惧，会极力回避与别人的交往接触，在不得不交往时会产生紧张、恐怖、心跳加快、面红耳赤等反应，无法与他人进行正常的交往。社交恐惧是后天形成的条件反应，是经过"学习"过程而建立起来的，这种"学习"主要可以分为两种类型。第一种是间接经验的学习，这种社交恐惧是个体从他人的经验获得的，如看到别人或听到别人在某种交往情境中遭受挫折、陷入困境或受到难堪的拒绝，自己也会感到害怕、痛苦，久而久之，就让自己对人际交往产生了恐惧。第二种是直接经验的学习，这种类型的社交恐惧是从个体自身的经验获得的。有些大学生在交往过程中屡遭挫折，就会形成一种心理打击，在情绪上产生种种不愉快的，甚至痛苦的体验，久而久之，就会不自觉地形成一种紧张、不安、焦虑、忧虑、恐惧等状态，对人际交往充满恐惧。

（五）社交封闭

社交封闭是指个体与外界隔绝开来，很少或根本没有社交活动，除了必要的工作、学习、购物以外，不主动与他人进行交往。存在这种问题的大学生一般可以分为两类：第一类是主动的社交封闭，这种类型的大学生主动把自己的真实情感、思想、需求等掩盖起来，不愿意让人了解；第二类是被动的社交封闭，这种类型的大学生由于性格内向孤僻，很少与他人进行交往，因此导致与他人之间的沟通存在障碍，形成社交封闭。

（六）沟通不良

在大学生的人际交往中，沟通不良是导致人际关系紧张的一个重要因素。有的大学生我行我素，从不与别人沟通；有的大学生虽有良好的沟通愿望，却不得其法，常常引起他人误解，造成人际交往障碍。总之，沟通不良严重影响了大学生人际交往的顺利进行。

（七）交往功利心过强

目前，在大学生的人际交往中，有些大学生受市场经济形势下产生的功利性思想的影响，在交往的过程中，只考虑个人愿望、个人利益是否能实现或获得，而不考虑交往的其他特性，从而使自己的人际交往呈现出了功利心过强的特点。具体表现为靠吃喝建立感情、拉扯关系；靠戴高帽吹捧实现个人目的；将利益看得很重，认为别人都不如自己；只与能给自己带来利益的人交往，对不能给自己带来利益的人不屑一顾。

（八）对交往过度投入

有些大学生推崇"关系说"，认为一个人要有所成就，就必须有各种各样的关系，从而将全部的精力投入到发展自己的各种关系上，而将学习丢到了脑后。这种对人际交往的过度投入导致这些大学生扭曲了交往的本质。一旦自己的投入无法获得相对应的回报时，就会怨天尤人，产生不平衡感。

（九）不适应与异性交往

有些大学生存在着与异性交往困难的问题，在面对异性时，常常会面红耳赤、紧张不安，对异性的爱慕以及失恋、性骚扰等行为不知所措。这种对交往的不适应常常会导致大学生产生一些其他的心理问题，严重的会导致他们无法正常地进行学习与生活。

（十）嫉妒心过强

有些大学生在人际交往中存在着较强的嫉妒心理，他们的主要表现有对他人的成绩、进步不予承认甚至贬低，在自己取得了成绩的时候沾沾自喜，但同时又焦虑不安，对他人过分提防，害怕他人赶上，嫉妒某个人或某些人的种种行为等。这种在人际交往中表现出来的嫉妒心如果过强，会让大学生产生精神妄想，严重者可能自杀或是犯罪。

（十一）重江湖义气

受部分书籍、电影、电视的影响，有些大学生热衷于江湖义气，并认为为兄弟两肋插刀是勇敢、有担当的表现，有些时候会为了这种义气而不顾法律法规的约束，走上违法犯罪的道路。

二、大学生人际交往的管理

大学生要想获得良好的人际交往关系，需要从以下几方面进行自我管理：

（一）提高对人际交往的认识

大学生要对人际交往进行正确认知，要懂得人际交往是一个心理互动的过程，想要赢得他人的友谊，需要自己主动向对方发出友善的信息。以积极的观念去看待人际交往，才能赢得他人的热情和友谊。

（二）遵守人际交往的基本原则

在人际交往中，无论是大学生还是其他群体，都需要遵守人际交往的基本原则，只有遵守这些原则，才能够使自己与他人的交往朝着和谐的方向发展。从整体上看，人际交往的基本原则主要有以下几条：

1. 平等相处原则

平等是建立良好人际关系的前提。每个人都希望别人能承认自己的价值，支持自己、接纳自己、喜欢自己。个体对真心接纳自己、喜欢自己的人，会产生交往的欲望，并愿意与这样的人维持交往关系。大学生虽然家庭背景、经济状况、个人能力有所不同，但并无高低贵贱之分，在人格和精神上是平等的。因此，大学生在人际交往的过程中，不应该考虑年级的高低、学习成绩的好坏、家庭条件的好坏等，要以平等的眼光去看待别人，做到平等待人、坦诚相见，不能把自己的意志强加给对方。

2. 适度距离原则

大学生在进行人际交往的过程中要与他人保持适当的距离。

在生活中，我们常会有这样的体验，一开始的时候我们会被某个人的优点所吸引，而最后讨厌他可能是因为太过接近而看到了他平常不会表现出来的缺点。我们也会有这样的发现，很多经常黏在一起的人，他们的关系最终会走向决裂，而那些保持着一定距离的人反而会一直交往下去。大学生在人际交往中，要注意把握交往的时空距离，即交往的深度和频度。所谓交往的深度就是双方感情投入的量度；所谓频度就是单位时间里交往的次数。交往的深度和频度都是因人而异的，简单地说，就是不要触及交往对象的底线。例如，有的女孩比较忌讳别人说她胖，那么在与她进行交往时，就尽量不要跟她开有关胖的玩笑。

3. 真诚热情原则

真诚热情原则要求大学生在人际交往的过程中，要真诚地关心他人，热情地对待他人。真诚地关心他人，就是要真心实意地为他人考虑，诚心诚意地替他人着想。热情地对待他人就是要使自己先愉快起来，让他人感受到自己的善意与友好，积极主动地帮助他人，同时还要从心里对他人感兴趣，真心喜欢他人。实践表明，人们更容易喜欢那些对自己感兴趣的人。

4. 尊重他人原则

在现实生活中，一些大学生在处理同学关系、师生关系时，往往过多地要求别人尊重自己，却很少尊重别人。事实上，良好的人际交往关系与尊重他人是密不可分的。尊重他人除了要对他人有尊重的态度，还要有相应的行动，例如不给他人起外号、尊重他人的生活习惯、保守他人的秘密等。

5. 互惠互利原则

大学生在同他人交往的时候，要想从别人那里获得关心、注意和爱护，就应考虑到他人也有这种需要。因此，在人际交往的过程中，大学生要遵守互惠互利的原则，要让交往双方都得到愿望、利益或者心理上的满足。互利包括三个方面：物质互利、精神互利和物质与精神兼利。其中，精神互利是最为重要的。

6. 宽容待人原则

宽容要求个体能够允许别人自由行动或判断，并能够耐心而毫无偏见地容忍与自己的观点或公认的观点不一致的意见。在人际交往中，我们的交往对象往往存在着这样或那样的缺点，甚至会犯这样那样的错误，这就要求我们要做到宽容待人。对大学生来说，要学会宽容、学会克制和忍耐；要承认同学间的差异，允许不同的观点、见解和方式存在；不能因为一点小事就与同学发生激烈的冲突，产生不与其交往的想法。

7. 诚实守信原则

诚实守信有两层含义：一是说真话，不说假话；二是说到做到，遵守诺言，实践诺言。古往今来，诚实守信在人们交往中被看得非常重要。墨家学派创始人墨子说："志不强者智不达，言不信者行不果。"讲诚信的人历来都受到人们的欢迎和赞颂，不讲诚信的人则受到人们的斥责和唾骂。"一诺千金，一言百系""一言既出，驷马难追"等就是强调诚信的重要性。大学生在人际交往的过程中，要遵守诚实守信的原则，只有这样才能获得他人的信任。

（三）塑造良好的自我形象

尽管人们都知道"人不可貌相，海水不可斗量"的道理，但在日常交往中难以完全摆脱"以貌取人"的倾向。一个人如果经常衣冠不整，蓬头垢面，萎靡不振，在人际交往初期就很难引起好感，必然有损于双方下一步的愉悦交往。因此，大学生在人际交往过程中，要注意塑造良好的自我形象。具体来说要做到以下两方面：

1. 提高自身的人际交往魅力

人际交往魅力是一个人的综合素质在社交生活中的体现。在人际交往过程中，观察一个人是否有魅力，谈吐是重要因素。从谈吐中往往能反映出一个人是博学多才还是孤陋寡闻，是接受过良好的教育还是浅薄无知。另外，在公共场合落落大方、行为端庄、举止得体和优雅是一个人气质和修养的自然流露。仪表、言谈及举止虽然是一个人外露的品质特征，却是其内心美的呈现，它是人际关系中不可忽略的因素。因此，大学生要想提高自己的人际交往魅力，就需要不断地提高自我修养，使自己拥有良好的素质。

2. 提高自己的心理素质

人与人之间的交往是思想、能力、知识及心理的整体作用，哪一方面的欠缺都会影响人际关系的质量。其中，有无良好的心理素质是大学生能否正常与他人进行人际交往的重要因素。如果大学生存在社交恐惧、胆怯、羞怯、自卑、冷漠、孤独、封闭、猜疑、自傲、嫉妒等不良心理，就无法和他人建立起正常的人际关系。同时，这些不良心理也会对大学生的自我形象产生影响，使他人不愿意与之交往。

（四）注意交往中的文明礼仪

在人际交往中，文明礼仪所起的作用是不容忽视的，有些人际冲突往往是由个体不遵守文明礼仪引起的。对大学生来说，在人际交往中遵守相关的文明礼仪规范是十分必要的。具体来说，大学生需要做到以下四点：

1. 尊重风俗习惯

由于不同的历史、宗教因素，各民族有其特殊的风俗习惯和礼节，大学生在人际交往中应多加了解并给予尊重。大学生在新到一个环境，或新到一个地方参加活动时要多了解、多观察，有不懂或不会做的事，可仿效别人；要"入境随俗""入乡随俗"，以免闹出误会和笑话，或引起不必要的矛盾和纠纷。

2. 遵时守时

遵时守时不仅是大学生在人际交往中应遵守的礼节，也是现代人应具备的素质。在参加会议或其他活动时，大学生要提前到达，如果有事不能到达时，要向他人进行说明，以便他人进行其他安排。

3. 及时道歉

在人际交往中，交往双方难免发生矛盾，难免出现失误或过失、过错，此时需要的是及时道歉。对于道歉，大学生要有正确的认识。道歉并非耻辱，而是一个人襟怀坦荡、深明事理、真挚诚恳和具有勇气的表现。真诚的道歉可使大事化小、小事化了，甚至化干戈为玉帛，不但可以弥补破裂了的关系，而且还可以增进感情。因此，大学生在人际交往的过程中，对需要道歉的事情要勇于道歉、及时道歉，不能因碍于面子而对错误之处不加以改正。

4. 称呼得体

称呼反映出人们之间心理关系的密切程度。恰当得体的称呼，使人能获得一种心理满足，使对方感到亲切，使交往拥有良好的心理气氛；称呼不得体，往往会引起对方的不快甚至愤怒，使交往受阻或中断。所以，在交往过程中，大学生要根据对方的年龄、身份、职业等具体情况及交往的场合、双方关系的亲疏远近来决定对方的称呼。对长辈的称呼要尊敬，对同辈的称呼要亲切、友好，对关系密切的人可直呼其名，对不熟悉的人要用全称。

第三节　如何提升人际交往的技巧

在人们的日常交往中，语言表达是一种最为常见和最为重要的方式之一。个体的语言表达能力，直接影响着人际沟通的效果。自我的语言表达能力和倾听他人表达的能力，是应当着重进行培养的。

一、学会倾听

（一）神情专注

研究显示，在人们的语言交流活动中，入神的姿态和专注的神情所表现出的积极的倾听态度，会使对方产生与之交谈的强烈欲望。交谈的过程，也会似老友喜重逢，他乡遇故知，不吐不快。社交专家普遍认为，倾听的最高境界绝对不是机械地使用听觉器官，而是艺术地应用自己的心灵，让对方着实地感受倒是用整个身心在倾听、用来自心灵深处的强烈渴求和深层的共鸣在倾听。倾听的过程，是真诚共鸣的过程。人们学会了高层次的倾听就可以接收到在常态下难以接收到的信息。因为入神地倾听信息，会刺激谈话者的情绪和性情，并在其支配下，说出精彩的观点和看法，甚至说出连说话者自己都没有预料到的精彩言论。学生用入神的聆听面对授课的教师，肯定会更有激情地将精彩的讲授内容呈现在课堂上，使在场的学生受益匪浅；学生用入神的倾听面对其他同学，不仅可以接收到许多有用的学习和生活信息，而且会赢得良好的人缘。在入神的倾听中，包含着对老师和其他人的尊重。我国的民间有一句谚语："会说的，不如会听的！"其中蕴含着很深的意义。

（二）用肢体语言表达"赞赏"

在倾听的过程中，为了使对方的谈兴逐步升温，最终停留、徘徊在最佳状态，高明而且实用的方法是通过自己的体态语言，向对方发出无声的"赞赏"信息。在聆听教师讲课的时候，可以用"频频点头"的方式，向教师传递出"赞赏"

的信息。在倾听同学发表高见时，可以"面带微笑"表示欣赏，还可以发出"啧啧"的称赞之声，或者将自己的身体前倾一点，表示十分愿意继续听取他的高见。用"眼神"发出赞美的信息最为常见，也最易被人察觉，因为眼睛是心灵的窗口。发出赞赏信息的前提是，在一般情况下，不对谈话者持有成见。如果被预先注入的成见支配，便会失去客观倾听的先决条件，造成倾听的心理障碍，自然也不可能发出由衷的赞美。

（三）养成一边倾听，一边思考的习惯

倾听的过程应当是学习的过程和思考的过程。我们在倾听他人发表观点的过程中，不能一味点头称是，而应当充分利用自己的大脑资源，收集对方发出的语言和非语言信息。对于非语言信息更要认真收集，对"话外音"迅速作出判断和回应，尤其是要观察对方说话时的眼神。当然，这种观察必须隐秘，不能让对方轻易察觉。如果我们养成了一边倾听、一边观察、一边思考的习惯，那么对提升我们的观察力、思考力、应变力会有很大的促进作用，久而久之，说不定会成为一个被人们羡慕的"智者"。

二、学会说服

（一）提高自身的可信度

说服是主体通过自己的语言促使客体接受自己的观点和意图的活动。说服活动能取得效果的前提条件是，说服者所发出的说服信息必须真实可信，容易识别的虚假信息是很难令被说服的客体所接受的。由心理学家的大量研究得出的结论是：可信度在说服他人中起着决定性的作用，而可信度的高低，并不取决于人们一般认为的说服主体的权力、地位、财产、声望等因素，而取决于说服内容的本身。我们完全可以这样理解，拥有权力的人，如大学里身居高位的党委书记和校长，如果需要说服师生接受自己的办学理念和工作思路，其所阐述的道理本身的可信度不够，出现十分明显地言不由衷，也同样不能赢得师生的理解和支持。即使由于某种压力或生存的需要，出现表面上的"点头称是"，甚至"心悦诚服""茅

塞顿开"之状，其实内心世界在进行着良知与道德的争斗。即使是在世俗的人际环境里，相当一部分人也同样不认为他人拥有的地位、财产、社会声望与所讲的道理之间有什么必然的联系。当然，有一种现象在社会生活中很常见，那就是拥有社会地位、权力和金钱的人，往往拥有更多的话语权，拥有更多的听众和"粉丝"，这种现象应当是社会学研究的范畴了，恕作者不再赘述。一般来说，可信度的高低受三个方面因素的影响。

第一，"理直"。所说服的"道理"是否"立"得住是有没有可信度的关键。道理"立"得住，就具备了有效说服的前提条件，就不怕达不到说服的理想结果。如果所阐发的"道理"完全"立"不起来，那么即使是拥有高超的说服技巧，也是不可能奏效的。

第二，"气壮"。说服者在发出说服信息时的"气度"，对提升说服的可信度具有十分重要的影响，人们的习惯思维是，"气壮"者，往往是因为"理直"。说服者如果表现得气壮如牛，而且语气坚定、铿锵有力，并且目光炯炯、深邃、睿智，会在被说服者心中引起"真实可信"的心理反应。相反，如果说服者明显的底气不足，不仅吞吞吐吐，而且目光游离，会使被说服者怀疑说服者的目的，从而减少说服内容的可信性。理直气壮、慷慨陈词是提高可信度的外在关键因素。

第三，用被说服者喜欢的态度和行为方式。有一种常见的心理现象：一个人的外表如果被人喜欢，人们往往会对他的观点产生认同感，愿意与他采取一致的态度；而一个人的外表如果被人们厌恶，往往会导致人们厌恶他的观点和做派，甚至厌恶他喜欢的某种人和事。常识告诉我们，在公共场合阐述自己观点的时候，诸如在学术会议上发言、参加演讲比赛，一定要衣着整洁、仪态端正、举止文雅。这是人们完全认同的、最为常见的方式。可以引起公众的严肃感，大大地增强说服的效果。如果在大庭广众之下、随随便便、举止不雅，人们接受这种行为和举止都尚且困难，何况接受当事人所阐述的道理呢？

（二）了解说服对象的心理特征

《孙子兵法》曰："知己知彼，百战不殆。"[1] 说服他人时，应当事先了解被说

---

[1] 李训忠，范立轩. 孙子兵法中的领导科学思想［J］. 党员干部之友，2002（7）：2.

服者的基本情况，特别是个体心理特征的状况，从而找出最佳的说服方式，找出最佳切入点与突破口。被说服者的性格特征、志趣爱好、人生追求及人生态度等方面的资料，在进行说服工作之前，就要被全面了解与掌握，并且进行认真分析与研究，使自己的说服工作具有针对性，避免盲目性。一些有经验的学者，在应邀做学术报告之前，必定要认真询问听众的基本情况，甚至关注这个群体最崇高的价值追求，然后设计自己的报告内容。他们往往通过开头的几句话，便能引起听众的广泛兴趣，因为所讲授的内容正是他们平常最为关注的话题。

（三）掌握必要的技巧

晓之以理是说服的重要原则之一。既然是"说服"，就必须是以"理"服人，而不是以"力"服人。以"力"服人是"压服"而不是"说服"。即便说服者是德高望重的长辈或大名鼎鼎的学术权威，也要遵循"以理服人"的规则，与被说服者平等交流。假如有人要说服自己的一位好友参加研究生考试，就应当尽可能地列举研究生毕业后参加工作的种种优势，这种理性分析的说服以及正反两个方面的考虑有理有据。有可能会使被说服者改变初衷，立即进行"考研"的各项准备。

动之以情是成功说服的又一重要原则。动之以情是增加说服效果的极佳方式。人都是有感情的，在说服的过程中，充分应用情感的因素，有时会达到意想不到的效果。

注意被说服者的情绪变化是具有说服他人经验的人十分关注的。他们在说服他人的过程中，始终注意察言观色、捕捉有用的信息、调整说服的内容和方式。一种常见的错误是，说服主体在说服过程中，一味地注重对自己观点的阐述，而完全不注意说服客体的情绪反应。正确的做法是，在阐释道理的同时察言观色，看对方的反应如何，并且及时调整讲述的内容。重视说服工作的开头和结尾，是具有经验的人们的重要提醒。应当像写散文一样，重视开头与结尾的内容设计。一般来说，开头要能够引起对方足够的注意，能够迅速地牵引着对方的思路，按照说服者的思路走下去。结尾的内容既要给人留下十分深刻的印象，还要预留下广阔的形象空间。如果是以报告或演讲的方式，去说服别人，更要精心设计开头与结尾，不可草率从事。大庭广众之下，必须言辞准确，掷地有声。我国历史上发生的"触龙说赵太后"的故事，是说服的成功范例。春秋战国时期的赵国由于年幼的孝成王刚刚即位，赵太后事实上控制着国家的权力。秦国的政治家们认为有机可乘，便发兵东下，攻打赵国。迫于危机的情势，赵国只有向齐国求救。而齐国提出的出兵条件是让赵太后最喜爱的儿子长安君去做人质。赵太后当然不愿意让年龄尚幼的长安君到齐国去。大臣们的强烈要求更让赵太后恼怒异常，放言："有复言长安君为质者，老妇必唾其面。"在如此关键的时刻，大臣触龙开始他流传千古的说服工作，并且取得了惊人的奇特效果。第一步，先与太后联络感情。向太后报告自己的身体状况，接着问候太后的身体和饮食情况，从老人普遍关心的养生问题谈起，再问及子女的情况，拉近了彼此之间情感距离。然后再转入第二步的以理服人。事实明摆着，国难当头之时，正是长安君为国效力的大好时机。触龙先从赵国的历史说起，从"三世以前"到"赵之为赵"，再到"虽曰爱之，其实害之""一旦山陵崩，长安君何以自托于赵"。[1] 经过触龙的严密分析和说理，赵太后终于发出"诺，恣君之所使"的表态。《古文观止》对此事有这样的评价："老臣一片苦心，诚则生巧，至今读之犹觉天花满目，又何怪当日太后之欣然听受也。"

三、应该关注的做人"细节"

道家学派创始人老子有言："天下难事，必作于易；天下大事，必作于细。"[2] 有关与人交往的过程中应当关注的一些重要细节，作者借鉴国外一些著名大学教师的研究成果，结合自己的思考和体会，提出以下几条提升人际关系的技巧：

（一）坚持在背后说别人的好话

坚持在背后说别人的好话是一种非常好的做人习惯，尤其对不良人际关系的改善，非常具有实用价值，但要真正做起来是很难的。在中国的民间流传这样一句话："谁人背后不说人，谁人背后无人说。"稍稍留心观察一下，我们就会发

---

[1] 刘精盛. 《触龙说赵太后》疑难词语解析[J]. 语文建设，2007（5）：2.
[2] 崇贤书院. 《道德经》200句[M]. 北京：文化艺术出版社，2018：180.

现，在人们的日常生活中，确有一些人比较热衷于在背后谈论他人的是非短长，传播他人的逸闻趣事，将此作为茶余饭后的消遣。即使是道听途说、捕风捉影的事情，也随便发表评论，甚至有的是在议论别人的痛苦中快乐着自己。大学生之间的交流，不可能不涉及其他人的是是非非，但不能形成在背后说他人坏话的习惯。应当记住一位哲人的话："如果某人不在场，而你将要说的话有可能对他不利，请你最好不要说。"如果有人主动约你聊天，而此人最大的优点是喜欢说同学的坏话，那么，应当寻找各种理由加以"婉拒"；在同学聚会时，有人故意嘲讽某位不在场的同学，此时应当保持沉默，即使你对那位同学同样存在反感，也不要随声附和。智者告诉我们："来说是非者，必是非人。"对付这种人最好的办法是：不搭理他。文明的说法是：敬而远之！

（二）过去的事，不要全让人知道

作家罗曼·罗兰说："每个人的心底，都有一座埋藏记忆的小岛，永不向人打开。"[1] 作家马克·吐温也说："每个人像一轮明月，他呈现光明的一面，但另有黑暗的一面从来不会给别人看。"[2] 从他们的人生感悟出发，结合生活现实进行思考，人们得出的结论是："要知道，有的秘密只能自己独享、不能作为礼物送给朋友，包括知心朋友。"有的人将自己过去的一切反复告知自己的"好友"和"同事"，尤其是对恋人，更是和盘托出，生怕有一点点的遗漏，因为他们相信"真诚相待"的魔力。而结果在有的时候恰恰相反，一味的"真心"往往换来的很可能是"假意"。事实上，人们更加喜爱稍加"掩饰"和必要"保留"的交往。

（三）与人交往要坦率

先哲孔子的名言几乎是路人皆知："知之为知之，不知为不知，是知也。"但人们的理解大相径庭。一般的理解是：对于我们知道的事情，就说知道，对于我们不知道的事情，就坦率地说不知道，这才是真正的"知道"。但有人从现实角度出发，认为孔子的意思应当是：对于"知道"某些事情的人，就跟他说"知道"，

---

[1] 影视一点灵. 把握"交往"细节 畅享生活快乐［EB/OL］.（2021-04-08）［2023-03-15］. https://baijiahao.baidu.com/s?id=1696457106449238515&wfr=spider&for=pc.
[2] 同步悦读.夏书阁:每个人都是一轮明月——从"摸屁股诗人"看人的两面性［EB/OL］.（2018-09-08）［2023-03-15］. https://www.sohu.com/a/252708104_99895731.

对于根本"不知道"某些事情的人,就干脆跟他说"不知道",这才是真正的"知道"。不必与根本没有经历过春天的人,谈春夏秋冬"四季",因为那样做是徒劳的。在这里我们姑且对孔子的这段话,进行浅层次的理解。在人际交往中,不可以不懂装懂,对于自己不知道的事情,就坦率地说"不知道"。因为即使是记忆力超强的人,就算博览群书、每天坚持上网,也不可能什么都知道。那种给人的印象是"天上的知道一半,地下的全部知道"的人,其实是不受大众欢迎的。前些年,"知识爆炸"这一名词,频繁地出现在我们的工作和生活中,有的人甚至称我们的时代是"知识爆炸的时代"。事实确实也如此,在今天的社会,新的知识、新的学科、新的方法层出不穷,令人有应接不暇之感。尤其是互联网的出现与普及,带给我们的新信息铺天盖地,彻底改变了传统的信息传播模式。在今天的知识背景下,任何人也不要想做到全知全能。

(四)不要在朋友面前炫耀自己

我们通常的做法是,有了值得高兴的事情,立即告知自己的亲朋好友,让他们在第一时间分享自己的喜悦。就一般意义而言,这种做法把握在一定的范围内,并没有什么不妥。但如果超过了一定的尺度,则会出现人际方面的负面影响,有在亲朋好友面前炫耀自己的嫌疑,而这种"炫耀"是在人际交往中应该着力避免的。因为在朋友面前炫耀自己成功,在一定意义上就是对朋友自尊心的一种隐形挑战。人最宝贵的就是自尊,自尊心是引导人们追求进步的精神支撑。与朋友交往,要尊重朋友的自尊心,不能因为自己的行为使朋友的自尊心受到伤害。

(五)做错事马上道歉

人的一生中肯定会有做错事的时候,包括人们普遍公认的伟大圣贤,也会出现错误。圣贤的伟大之处在于,他们在做了错事之后,会立即进行必要的调整,不会在同一个地方摔第二跤。

对于普通人来说,在日常的学习和生活中,一旦意识到自己对同学和同事做错了事情,给人家造成了负面的影响,应当立即道歉并采取补救措施。作者的建议是:马上拿起电话,一分钟都不要耽误。因为道歉的时间越快,越是可以减少负面的影响。时间拖得越长,负面的影响越大。因为负面的影响不及时消除,会随着时间的推移，被不断地发酵，造成更加严重的后果。

（六）要学会说善意的"谎言"

说谎是人际往来中最坏的习惯之一，具有说谎习惯的人是令人讨厌的人际类型之一。但学会说善意的"谎言"却是人们所提倡的，因为在特定的环境里，它比真话更有价值。心理学家做过这样一个实验：从一群女大学生中，挑选出一个人们普遍认为最不招人喜爱的姑娘，要求其他学生改变对她的原有印象，把她想象成一个最受人喜爱的女孩。在特定的日子里，大家争先恐后地接近这位女生，帅哥男生们纷纷献殷勤，把她当成一位漂亮聪慧的姑娘来追求。结果，不到一年的时间，这位女生完全变成了另外一个人，言谈举止与以前判若两人。她十分感激地对同学说："我获得了新生。"心理学家告诉学生，其实我们这位女同学并没有变成另外一个人，而是随着外在环境的变化，她展示出了蕴藏在她身上的美。这个实验告诉我们，在我们的日常生活中，如果出于帮助他人的需要，做一做假动作、说一说假话，对自己并不会带来损失，但带给他人的却是美丽的童话世界。

（七）与人交往避免树敌

与自己距离最近的是两种人：一种人是朋友，一种人是敌人。研究显示，人们对朋友与敌人的关注度几乎是一样的。在我们生活的人群里，有的人有可能成为朋友，有的人不可能成为朋友。值得注意的是：不能成为朋友的人，也不要让他成为敌人。可以有意识地主动交朋友，但不可以有意识地主动树敌。树敌太多，是人生成功的大忌。智者表示，在我们的人生历程中，朋友的群体在不断进行着名单的更新，新结识的朋友逐渐取代原来的老朋友，真正做到"结识新朋友，不忘老朋友"是比较困难的，因为人们的时间和精力都是有限的。但敌人的名单却是不变的，甚至是永恒的，能够做到化敌为友的人并不多见。针对这种现象，有人总结出一句经典的话，叫作"朋友有来有去，敌人只来不去"。

第四章 大学生行为的自我管理

本章就大学生行为的自我管理进行探索，主要包括三个方面的内容，分别是大学生行为管理的内涵与意义、大学生行为管理的主要技能、大学生行为管理的技能方法。

第一节 大学生行为管理的内涵与意义

一、大学生行为管理的内涵

人生是一部历史，生活是组成这部历史的一个个篇章，而生活又是由人形形色色的、复杂的一系列行为构成的。正是由于行为极大的复杂性，使得掌握不同知识体系的人对行为有不同的理解，并赋予它不同的含义。心理学家认为，行为是人体器官对外界刺激的反应；生理学家认为行为是身体的肌肉、器官、系统和外分泌腺的活动；哲学家认为行为是受思想支配的表现在外在的活动；伦理学家认为行为是基于自由意志的动作；行为科学家则认为行为是人和环境交互作用的表现。可见，不同的研究角度对行为的认识不尽相同。尽管如此，不同学科在研究人的行为时，都紧紧抓住人能劳动、有语言、会思维、拥有认识世界和改造世界的本领等人类的自身特征。

综上所述，人的行为可以简要地界定为：人为适应和改造客观环境，或为达到某一目标，而用自身的机体所作出的连续反应或连续活动的过程。它是人的内在心理或生理变化的外在反应，是人的自我意识和思维方式的外在表现。人在日常生活中所表现的一切活动，都可以被称为行为。人的行为及其过程主要由五个要素构成。一是行为主体，即是正在行为过程中的人的机体，包括人的各种器官及其生理素质和文化素质。如人要活动，要具备生理基础——各种感觉器官、运动器官、思维器官等。不同的器官及其功能组成了人行为的生理素质。人的知识水平、爱好、情趣、价值观等又构成人的文化素质。二是行为的环境条件作用，是引起人行为的外部诸多因素对人的作用或刺激。行为主体之外的一切自然现象、社会现象，都是行为主体的环境条件，并对主体产生作用，引起主体的行为。三是人的行为反应。人是有感觉、知觉和理性思维的高等动物，当外部条件作用或刺激于人时，人会即刻作出反应。人对外界刺激所作出的反应，主要表现为思维活动、身体活动、信息交流活动等。四是行为对象，是指行为主体所指向的客观对象，包括人、物、信息。五是行为目标的实现。它是一个具体行为过程的必然结果。

大学生的行为受价值观和心理的支配，大学生尚未定型的价值观和心理品质也会影响到自身的行为表现。因此，大学生的行为管理，也是对其价值观和心理品质的塑造。

①对于大学生来说，大学阶段是价值观形成的重要阶段。因此，塑造大学生的价值观来适应社会的需要，使其能够跟随社会的发展进行相应地调整、更新，并按新的价值观指导自己的行为，是行为管理的一个重要方面。

②大学生尚未完全定型的心理品质也会影响到自身的行为表现。大学阶段是从学生角色向成人角色、社会工作者角色转变的衔接时期。在这个人生角色的转型期，大学生的生理特征已接近成熟，心理特征虽然已经摆脱了儿童的特点，但是与成年人完全成熟、定型的心理特征又不完全相同。大学生的心理特征处于由学生角色向成人角色转变的过渡阶段。大学生常常希望改变"中学生娃娃"的形象，希望社会、父母将其作为成人看待，在主观上不喜欢老师、父母干扰和控制自己的行为，甚至有意识地表现出学校、社会所不期望的行为。因此，加强对大学生心理品质建设也是行为管理另一个重要方面。

二、大学生行为管理的意义

（一）大学生行为特点

随着改革开放的不断深化，中国社会正处在由计划经济向市场经济全方位变革的时期，社会经济基础与上层建筑正在发生结构性的变化，不可避免地导致了人们价值观念的转变，出现不同层次价值观（价值观多元化）并存的格局。作为思维活跃、受陈规陋习束缚最少的知识阶层，大学生对社会发展有着极为敏锐的感受力，每个大学生价值观的形成始终受到社会环境的影响。价值观的形成过程遵循"影响—反馈—校正—共识—创新"的互动模式，即大学生在自身价值观引导下产生的行为在作用于社会和其他个体后，社会和其他个体会自觉或不自觉地对这些行为加以评价。评价的结果反馈于大学生，引起大学生或对自身的价值观进行校正，或是坚持为社会和其他个体所共识的价值观，并加以发展创新。这个模式决定了大学生的价值观为适应社会的需要，必须跟随社会的发展进行相应的调整、更新，并按新的价值观指导自己的行为，再在实践的过程中逐步完善自身的价值观。在价值观不断变化和逐步完善的过程中，大学生的行为表现往往也随着变化，导致大学生的行为周期（一种行为从出现到最终完成的时间）会表现出短暂、不持久的特点，一会儿是热情高亢，一会儿是垂头丧气，出现所谓"三分钟热血"的行为。尤其是市场经济的建立还处在初期阶段，多种价值观的矛盾和冲突将对大学生价值观的正确构建造成极大的冲击。在整个大学生涯中，随着年级的递增和经验的积累，每个大学生的价值观在实践、认识、再实践中归于完善，最终在形成稳定的价值观后，其行为周期也将逐渐稳定、持久。

另外，大学生尚未完全定型的心理品质也影响到自身的行为表现。大学阶段正是大学生处在人生身心发展的特殊阶段。从严格意义上说，大学生尚未真正形成有意识的调节和支配自己行为的控制能力，加上心理与生理发展之间的矛盾，人生角色转型期的不成熟、不确定和较大的可塑性，决定了大学生在价值观、行为的选择上可能出现大幅度的摇摆，甚至会对学校、家庭和社会的正确教育产生怀疑及逆反心理，促使大学生的行为具有复杂、不安定、变化迅速等特点，经常表现出随机多变、盲目冲动等行为。

（二）大学生行为自我管理的意义

大学生行为自我管理是指大学生为了实现自己的大学生活目标，对自己的行为进行自我选择、调整和规范的一系列活动过程。大学生行为自我管理必须贯穿于整个大学生活的始终，其重要性表现在以下三个方面：

1. 只有经过行为自我管理，才能更好满足大学生行为规范的要求

大学生行为自我管理是大学生行为规范发挥作用的重要手段之一。行为规范是指调整人与人、人与社会之间关系的行为准则。大学生行为规范主要由外部规范和内部规范组成。外部规范包括大学纪律规范（如大学生守则、宿舍管理制度、学籍管理规定等）、法律规范（国家的法律、法规等）、道德规范（如社会公德等）。外部规范直接制约着大学生个体行为，每个大学生必须了解这些规范，按照这些规范办事，在规范许可的范围内开展行为活动，否则就要受到批评、谴责、处分甚至法律的惩处。外部规范对大学生行为管理所起的作用是不言而喻的。然而，大学生接受外部规范是一个被动的过程，只有把外部规范内化为自觉的自我规范，即个体发挥主观能动作用，正确选择规范（准则）以调整、控制自己的行为，外部规范才能从真正意义上起作用。这个转化过程是这样的：外部规范的正确性一经实践所证实，并被大学生的内心世界接受后，大学生就会在自己的头脑中加以强化，用于指导自己的行为。这种行为自我规范的选择过程实际上就是实现行为自我管理的过程，是通过自我教育、自我修养以达到自我完善的过程，是个体从不自觉开始走向自觉的过程。在这个转化过程中，大学生个体按照社会发展的态势，对自己的行为方式适时地进行自我调整和控制，坚持正确的行为、调整不适当的行为、改正错误的行为，从而提高大学生活的实际效益。

虽然每所大学都制定了严格的校纪、校规作为大学生的行为规范，以维护正常的校园秩序和教学秩序。然而，每种行为规范是否为每位大学生所接受，能否自觉内化为自我规范，内化的层次如何，则取决于每位大学生的自觉水平及自我管理水平的高低。辩证唯物主义认为，外因是变化的条件，内因是变化的根据，外因通过内因而起作用。外部规范对大学生的约束，只有经过大学生的内化，转化为思想上可承受的规范因素，才能引起行为的变化。在现实生活中，不同的大学生在相同的学习和生活环境中，往往会产生各异的行为，很大程度上是由于个体对外部规范的内化层次不同。有的大学生自觉按照外部规范的要求规范自己，有的只部分接受甚至完全否定外部规范。面对市场经济浪潮，很多大学生都能明确自己的社会责任，自觉把自我发展、自我提高作为自我管理的侧重点，力求使

自身的能力、水平等方面在大学阶段产生质的飞跃。从管理形式上看，大学的校园管理比较宽松，具有相当的自由度，因而有些大学生未能自觉地调节自己的行为。实际上，大学的管理是由他律转化为自律的管理，是引导式的管理。大学生在大学生活中的行为必须通过发挥自己的主观能动性，按照外部规范的要求，实现自己对自己的约束和调控，以避免行为的无序。自觉意识越强的学生，对行为自我管理的内驱力越大。实行行为自我管理、加强思想道德修养、正确认识外部规范，把自己的行为置于外部规范的控制之下，是大学生形成正确行为方式的关键。

2. 通过行为的自我管理，实现从依赖走向自立

来自不同地区、不同家庭的大学生在融进了大学特殊的校园生活环境中后，面对生活环境的变迁、人际关系的变化、学习方式的变更等，心里普遍感到不适应。

步入大学后，在个人生活事务方面得靠自己解决，人际关系得靠自己去处理，学习上更多的是靠自觉性。前面讲过，大学的管理是引导式的管理，是学生自己对自己的管理，而大学的教育提倡启发式的教育，这种教育的特点是以自主性的学习和探索性的学习为主，学生不再处于教师的严密监督下，很多的知识只能依靠自己去学、去琢磨、去消化，教师只能是学习和生活上的顾问和参谋。所以，大学生活是彻底地摆脱了对家庭、对教师的依赖的独立生活，意味着每个大学生就是自己生活的主人，必须承担起自己学习、生活的全部责任。从对家庭、对教师的依附转化为自己对自己的驾驭，并且要保证大学生活的高质量和高效率，就必须通过对自己的学习、工作、生活进行有序的筹划管理来实现，在自我服务、自我管理中逐步培养独立的意识和能力。

联合国教育、科学及文化组织曾经在《国际二十一世纪教育委员会报告综述》中指出，教育的目的在于让人学知、学做、学会生存、学会共处。其中，大学生掌握生存和与人共处的能力只能从以自立自律为特征的自我管理中获得，在实践中提高。"自立"是指大学生在学习、实践以及各种活动中逐渐摆脱对家庭、学校的依附关系，独立的确立自己的思想和行为方式。"自律"是指对行为的自我调控。大学生通过行为自我管理，在一系列生活的磨炼中养成完全自理自立的能

力，独立地分析问题和解决问题。一个凡事都能用自己的目光去审视，能用自己的头脑去思考、去判断，并且能有效地驾驭自己行为的人，才是一个真正成熟的人，才能为现代社会所接纳。

3. 实施行为的自我管理、增强自身的预应力

"预应力"一词在力学中是指人们为了增强物体承受外力的作用，而预先创造出与物体所受外力方向相反的力，以反抗外力，保持物体的结构稳定。大学生作为未来建设国家的高素质人力资源，肩负着推动社会进步的责任，这种社会责任就是一种外部的压力，大学生如何能承受起这些压力呢？只有增强自身的预应力。这种预应力可以理解为大学生通过自己的学习和实践，以适应社会生活的需要，承担起建设国家的使命和责任而获得的一系列综合能力。因此，大学生自身预应力的大小就是拥有知识的多少和能力的高低。市场经济条件下的竞争性，体现在人与人之间、企业与企业之间、国家与国家之间的竞争。我们知道，商品在进入市场后竞争激烈、优胜劣汰、适者生存。同样的，随着我国招生制度的改革，由国家对大学毕业生实行"统包统分"的就业分配制度已经退出历史舞台。大学毕业生作为一种人力资源，将被推向人才市场、技术市场和信息市场，实行"自主择业"，通过社会的公平竞争机制进行就业单位与个人之间的双向选择。在这种情况下，竞争的市场对大学生全面素质的要求越来越高，而大学生竞争力的强弱，就取决于自身的素质。大学生应当清晰地看到：信息化与全球化的浪潮正把人类带进一个崭新的时代。在这个时代里，技术和知识在经济发展中起决定性的作用。很多人把这个时代称为"知识经济时代"，认为人的素质和技能是实现经济增长的先决条件，知识资本在今后时代中将扮演更加重要的角色，拥有更多知识的人才将拥有更多的机遇。

面对社会激烈竞争的挑战，大学生必须具有扎实的科学文化知识和技能、具有勇于进取、开拓创新的品质，才不会被社会淘汰。大学生如果能够充分地认识到增强自身预应力的重要性，其行为必定就是为适应社会需要而设计的，是自立、紧张、高效的行为。例如，许多大学生已经认识到"读书有用，知识无价"，进而主动调整自己的知识结构，千方百计地为自己"充电"，利用课余时间自学新知识、辅修双学位、"追证"（除文凭外，考取实用技能证书）等，以提高自己在

未来竞争中的"含金量";反之,大学生如果对自身的行为管理盲目、松弛、低效,整天胸无大志、贪图安逸、得过且过,必然造成自我社会化的延迟和实际能力的低弱,不能顺应社会发展的潮流。大学生能否扮演一个合格的社会角色,很大程度上取决于其行为是顺应还是背离社会的发展。在这里需要强调的是,一个人能力的高低并不是知识累积的多少,而是体现在创新力和创造力。大学生预应力的特征在于创造,依据每个人创造层次的不同,大学生的个体预应力便显示出不同的层次性。许多人以为创造非科学家、文学家、艺术家莫属,事实上很多大名鼎鼎的科学家在大学时期就已经有所创造,如微积分、万有引力、二项式定理,就是牛顿在大学期间发现并提出的。当然,并非说大学生的主要任务是创造,而是说大学生在实施行为自我管理中要尽可能地把学习和研究结合起来,如果不能做到有所创造,起码得有所应用。要不然等到走上充满激烈竞争的社会时,才发现所需要的并非仅仅是自己所拥有的知识,还要有创新和创造的能力,不免为时已晚。

21世纪是一个开放、多元、日新月异的世纪,无论是对一个国家或者是对某个社会成员来讲,在这个时代里,没有实力就没有发言权。个人实力就是锐意创新进取的意识和超群的综合能力。因此,把握社会的要求,提高自觉意识和行为自我管理的水平,重视个性化、创造性和独立思考能力的培养,对未来人生发展实行实力储备,力争在知识、技能、观念等各方面,都能达到现代社会所需要的标准,才是大学生个人立足于社会的支撑点。

总之,大学生的行为自我管理是提高大学生活效率和充实完善自己的重要途径,其最重要的目的是实现人格的个性化,完成个体的社会化,以获得社会成员所要求达到的资格标准,使自己成为真正意义上的大学生。因此,行为自我管理一定要坚持不懈,不能半途而废。每位大学生都要依据自身的实际情况,从一点一滴做起,脚踏实地进行行为自我管理。然而,在现实生活中,要达到行为的完善并不是一蹴而就的,而是需要付出艰苦的努力才能完成的。要记住:许多人做了很多事情没有成功,并不是事情的难度很大,而是因为自己倦怠而导致失败。

第二节　大学生行为管理的主要技能

大学生行为自我管理的技能是大学生利用科学的管理手段对自我行为进行自我调控的能力。虽然划分这种技能的构成属于一项复杂的系统工作，但是从大学生行为自我管理所采用的常见手段，可以把这种技能看成由习惯行为控制技能、道德行为控制技能、纪律行为控制技能和法律行为控制技能所构成。

一、习惯行为控制技能

习惯行为是个体逐渐养成的、不需要任何意志努力与外在监督而能自动实现的行为。习惯行为可以分为积极的行为和消极的行为两种。许多事实表明：一个人的一些习惯行为是在一定的年龄段形成的。错过这个年龄段，再加以培养，往往事倍功半、难以奏效；而某种行为一旦养成习惯，其惯性的力量是巨大的，通常会下意识地、不由自主地表现出来。大学生正处在人生发展最具可塑性的阶段，抓住这个有利时期，自觉地培养良好的、积极的习惯行为，将终身受益。大学生良好的习惯行为应从以下三个方面加以培养：

首先，大学生要培养良好的生活习惯行为，即良好的生活规律，这是最容易做到的，也是最难做到的。大学生作为高考激烈竞争的胜利者，进入大学后，生活陷入无规律的状态中。生活规律是一个人生存、生长的重要规律，是确保个体身心健康和提高学习、工作效率的基本条件。谁违反了生活规律，必定要受到它的惩罚。大学生如果只贪图享乐、不思上进，在业务学习上混日子，必然要被时代抛到后面去。

能否形成良好的生活规律并不是一件可有可无的事情，它反映出一个人是否拥有积极的精神风貌、坚定的意志和顽强的毅力。斯大林说过："伟大的毅力只为伟大的目标而产生。"大学生在任何时候都不能忘记自己的目标——成才，成为具有一定专门知识和较强的能力，并以创造性的劳动为社会发展和进步作出贡献的人。为了实现这个目标，每位大学生必须善于把握自己、控制自己，而不能单纯追求满足个人的刺激和欲望，更不能因一时的挫折、无聊、空虚而去寻求一些不良的刺激。否则，当不良的生活习惯行为成为恶习而造成危害时再去克服，就得付出更大的代价，甚至为时已晚、追悔莫及。大学生如果让惰性滋长、欲念蔓延、放纵自己不良行为的话，就会改变正常的生活规律，影响学习与成才。有人曾经说过："播种思想，收获行为；播种行为，收获习惯；播种习惯，收获命运。"是成为啾啾于屋檐下的燕雀，还是叱咤于碧空中的雄鹰，取决于能否把自身积极的潜力释放与调动起来，形成规范化的生活习惯行为。大学生培养良好生活规律的方式其实很简单：只要列出一张作息时间表，把每天的休息、起床、学习、课外阅读、社会活动等时间列出，严格执行、持之以恒，尽量避免外界环境的不良干扰。那么，经过一段不太长的时间，个体就会获得适应，建立良好的行为反应。久而久之，便形成习惯。

其次，大学生要培养文明交往的习惯行为。人作为社会中的一分子，必定要与其他人打交道。古希腊哲学家亚里士多德曾说过："一个生活在社会之外的人，同人不发生关系的人，不是动物便是神。"[1] 在现代社会中，人与人之间的交往具有交流信息、获取知识、提高工作和活动效益的功能。对大学生来说，良好的人际交往不仅有助于提高大学期间的学习和生活质量，还有益于身心的健康，而且对今后人生的发展也将具有深远的影响。因此，形成文明交往的习惯行为是大学生为步入社会就业准备的一项重要内容，应该把它作为一种心理素质和实际能力加以培养。

从整体上看，大学生属于社会中素质和修养水平较高的一个群体。然而，在现实的校园生活中，大学生个体的文明修养程度是不平衡的，突出表现在个体间言谈举止的文明层次上。不要认为这是小事而无所谓，在社会中，平等对待是人际交往的一条基本原则，仪表、衣着、谈吐、举止的文明层次是建立起亲密人际关系的重要因素。孟子说："爱人者，人恒爱之；敬人者，人恒敬之。"[2] 要想得到别人的尊重，必须学会尊重人。言谈举止是一个人素质的外化，从中就能直接反

---

[1] 新浪博客. 人际关系［EB/OL］. （2009-03-28）［2023-03-20］. https://blog.sina.com.cn/s/blog_4f0334c40100cmyy.html.
[2] 林侃. 文明的境界［J］. 作文与考试：高中版，2021（10）：2.

映出一个人是博才多学还是浅薄无知。大学生除了要掌握文明礼貌的言行举止外，还要培养适当的行为神态。交往中人的神态和表情是沟通人际间思想感情的非语言交往手段。例如，经常培养目光正视对方的良好习惯；手部动作不能过于随便，不能当着对方的面挖鼻孔、抹鼻涕等；要适当运用各种眼神、面部表情、手势、身体姿态来辅助有声语言的表达。交往是一种学问，也是一种技巧，并不是三言两语就能说清楚的。归根到底，大学生平时如果注意交往素质的培养，提高个人修养的水平，并能够根据具体情况来采取恰当、适度的行为，就有助于创造一个有利于自己施展才干的良好人际环境。

最后，大学生要培养合理的消费习惯行为。消费生活是大学生活的重要内容，消费行为是大学生在独立支配下的行为，反映了一个人的价值取向。应该指出，大学生生活上和学习上所需要的费用，几乎都是由家庭和国家提供的，个体消费行为的盲目和随意，实际上是对父母和别人劳动成果的糟蹋。有的大学生认为"我的家庭很富裕，钱是父母给的，花钱大方是我自己的事"，这些人并没有意识到用别人挣的钱来摆阔气、充派头是一种"今朝有酒今朝醉"的颓废心态，是强烈虚荣心的反映，是损害自己形象的行为。大学生如果养成了大手大脚、挥霍浪费的恶习，不仅很容易滋长不劳而获的寄生依赖思想，而且在走上社会后，一旦经济收入与自己所"期望"的生活要求不相适应，势必会造成心态的不平衡，容易堕落腐化，甚至走上贪污、偷窃、赌博等犯罪道路。因此，大学生养成适度的、合理的消费行为，是建立个人心理健康的大事。每位大学生都要根据自己的实际经济情况，做到经济开支计划管理。条件允许的话，也要把钱财用在培养自己综合素质的刀刃上。

教育家乌申斯基曾经说过，良好的习惯是财富，它是人在神经系统中存放的资本，这个资本在不断增值，而人在一生中就享受着它的利益。大学生在日常生活中注意渐进地培养良好的习惯行为、改掉不良习惯，对自身的健康成长和事业的成功将是至关重要的。

二、道德行为控制技能

道德是指在社会生活中调整人与人、人与社会之间的行为准则和规范的总和，是以真假、善恶、美丑为标准来评价人们行为的。道德作为一种行为准则和规范，渗透在社会生活的各个领域，调节着人与人、人与社会之间发生的各种联系。因此，对每个人来讲，道德贯穿于人生。大学生要成为一名真正有益于社会的、德才兼备的人，必须培养道德的行为，进而形成高尚的道德品质。

道德行为是人在一定的道德认识支配下，自觉选择而作出的有利于或有害于他人或社会的行为。区分一个人的某种行为是道德行为还是非道德行为，主要看这种行为是不是行为者自觉作出抉择的，是否与他人、社会的利益相联系。例如，有学生帮病中的同学打水、打饭，这就是有利于他人的行为，是道德行为。道德行为又可分为道德的行为和不道德的行为。凡是个体出于自愿地选择并付诸行动、对他人和社会的利益产生积极影响的行为，就是道德的行为。反之就是不道德的行为。实际上，随着社会的进一步开放，市场经济条件下的法制、道德建设被不断完善，符合新时代特征的道德价值观念（如平等竞争的意识、务实的态度、义利并重的观念等）不断涌现，使得人与人、人与社会之间联系的重要性更加突出，个体行为受到纪律、法律和道德制约的程度越来越大，这就对大学生行为的道德规范提出更高的要求。大学生要通过行为自我管理，以自身具体的道德行为承担对他人、对社会的责任，才能实现个人与社会的共同进步。那么，大学生如何养成道德的行为呢？

首先，要根据一定的道德规范来选择行为。尤其是在当今社会生活存在价值观多元化的情况下，道德与不道德的行为可能一时良莠难分，不可避免地造成大学生的困惑与迷茫。对此，大学生要增强对善与恶、真与假、美与丑的判断能力。一般认为，现阶段大学生行为的道德规范至少应该达到这样的层次：对他人有所帮助，对社会有所奉献，符合个人的正当利益。凡是达到这个规范层次的行为，就是真、善、美的行为，反之就是假、恶、丑的行为。

其次，通过坚持道德的行为，形成良好的道德品质。一种道德行为多次重复出现，逐渐形成习惯，这种习惯就是一个人的道德品质。道德品质绝不是随意养成或自然形成的行为习惯，而是个人凭借意志长期坚持不懈地自觉约束和调整自我行为而逐步形成的行为习惯。大学生形成良好道德品质的关键是通过"内省"，做到"慎微"和"慎独"。"内省"就是大学生在行为自我管理中不断自觉地检查自己的行为是否符合道德规范。荀子说："博学而日参省乎己，则知明而行无过矣。"[①]这就是将社会的道德要求转化为内心信念和自我约束力，在日常生活中严于律己，对自己的言行经常的反省，以达到更高的道德水平和层次。"慎微"就是"勿以恶小而为之，勿以善小而不为"。大学生要形成道德的行为习惯，必须注意从小事上和细微处严格要求自己，不要为了满足一时的私利而不拘"小节"，否则，将很难养成良好的道德品质。"慎独"是古人特别推崇的一种修身方法。所谓"君子慎其独也"，就是在无人监督的情况下，恪守道德要求，坚决不做对不起他人和社会的事。作为一名大学生，不管是在集体活动中还是独处时，不管是在公众场合中还是私下里，都应该独善自身，以相同的道德规范要求自己。一个人如果能够做到在无人知晓的场合也能使自己的行为利己、利他、利社会，这样的人就是一个堂堂正正的人，一个真正值得他人尊敬的人。

三、纪律行为控制技能

纪律是由一定的社会组织制定的、要求人们共同遵守的行为规范，如秩序、命令、规章制度、公约等，是群体或公共场所能正常工作和生活的基本保证。纪律本身具有强制性和约束力，然而遵守纪律还需要人们的自觉性。大学校园纪律是学校为了维护正常的教学秩序而制定的行为规范，它调整和控制着大学生的行为方式。大学生的纪律行为是指大学生有意识表现出来的、与纪律规范发生联系的行为。

通常，大学校园纪律包括学籍管理制度、课堂纪律、考试纪律、考勤制度、宿舍管理制度、校园出入制度、图书阅览制度、实验室守则等。所有的校纪、校规都是为了维护大学良好的学习环境和正常的公共秩序，保障大学生完成学习任务而制定的。从本质上来讲，纪律保障的不是某一个人，而是每个人。纪律就像某种体育比赛的规则一样，每一位运动员只有在规则的限制范围内充分发挥自己的特长，才能保证比赛的顺利进行。在市场经济竞争机制逐渐走向规则化、有序化的今天，大学生的纪律行为正是自身自由发展的保证。因为纪律实质上是调节

---

① 方有国.《荀子》"参省乎己"释义商榷[J]. 语文建设，2003（9）：37.

人们的行为和关系，毫无疑问，一位"我行我素"的，凌驾于他人、集体、社会之上的无纪律者，是很难与他人友好相处的，势必会使自己逐步脱离他人、脱离集体，这对自己成才是很不利的。从价值规律的角度来看，一个孤零零的个体，是不存在任何社会价值的。另外，纪律和道德是互为促进、互为补充的。纪律所禁止的行为，也是道德所谴责的行为。一个具有高尚道德品质的人，也一定是遵守纪律的人。因此，大学生的行为应该自觉地符合纪律的规范，才能与集体、社会的环境和氛围相协调，才能和谐地、更好地存在和发展下去，从"必然王国"进入"自由王国"。

当然，强调大学生的行为要自觉地遵守纪律的规范，并不是要大学生谨小慎微、畏首畏尾，扼杀自己大胆开拓、积极进取的创造精神，而是要根据纪律规范的要求，从具体情况出发，独立自主地选择行为，充分发展自己的个性。纪律的制约和个人自由发展是对立统一的。纪律对个人行为的发挥既有制约又有保证。大学生个体作为社会系统中具有较高文化层次的独立子系统，在实施行为自我管理中，要通过自身的调控，形成把纪律规范转化为自觉行为的习惯。保障子系统的"良好运行"，才能保持社会系统的结构稳定。培养良好的纪律行为，是大学生承担社会责任的基础。"绝对自由"的行为，必然妨碍大多数人的利益，从而要遭到批评和制止，受到纪律的处分。如果任由放纵，小洞不补，由小到大，就很容易走向违法犯罪的边缘，最终失去自由。

第三节 大学生行为管理的技能方法

大学生行为自我管理技能的开发主要包括两个方面：培养并形成良好的行为习惯和改正原来已经存在的不良行为习惯。培养并形成某种良好行为的关键在于充分认识形成这种正确行为习惯的重要性，并产生正确的行为动机，去驱动行为的产生，然后持之以恒地坚持，就能形成行为习惯。然而，对大学生来讲，最棘手的事情是如何克服并改正已形成的、妨碍自身进步的一些不良行为习惯。下面提供几种如何实现行为自我改变的常用方法，以期指导大学生提高行为自我管理的能力。

一、改变环境法

环境对行为的影响是巨大的。从长远影响角度来说，行为的结果在左右着人们的行为；但从短时间影响角度来说，环境的刺激在控制着人们的一系列行为。因而要改变不良行为的方法之一就是改变外在环境的刺激。其具体方式如下：

第一，识别不良环境。就是认识诱导、刺激和促使不良行为发生、产生的环境。

第二，回避可能产生不良行为的环境和情形。如要在晚自习时间学习，不做其他不利于学习的事，最好是去教室或阅览室，或者在其他同学聊天儿时予以回避。要做好这一步，还有两个小技巧，一是自己给自己一个警告信号，如对闹钟进行定时，7点钟响时，就必须去学习，不能做其他；二是打断"不需要"行为链中最前面的链点。

第三，创造有利于良好行为产生的环境刺激。最好的办法就是在恰当的时间将自己置于恰当的地方。如晚自习时间去教室，可以避免你出去消遣。另外，在教室里，同学们都在认真学习，这也可能促使你静下心来好好地复习当天的课程。

第四，实事求是地接受外在环境的刺激。一个良好的计划、时间表以及警告信号对于回避不需要产生的行为是至关重要的，但是当这些刺激与自身发展不协调时，就必须降低对自己的期望或者增加动机激励。

二、学习新行为的方法

自我观察和自我评价也许会导致大学生认为需要改变。改变行为的方法之一就是上述所讨论的改变环境，另外一种方法就是在同样的环境下学习一些新的和更好的行为反应方式。其具体方法如下：

第一，从观察别人中学习。看看其他同学尤其是那些各方面优秀的同学在一定的环境下是如何做的，模仿他或者结合自己实情加以创新。学习榜样是取得良好行为最简单和最有效的方法。或者从一些有关行为成功的指导书以及从有关先进模范的报告中学习行为的反应方式也可取得同样效果。

第二，实施自我指导。在实践新行为以前，必须正确地知道如何做、怎样做，什么时候、从什么地方开始和中止等问题，对于这些问题大学生应搜寻各种答案以作出正确的选择。事实上，这是一个行为自我指导的过程。这一过程对于学习新行为是一个重要方法。只有在头脑中对各种可选择的行为模式多问几个为什么，并进行正确的判断、推理，才能使行为具有理性的基础和保证。

第三，实践性行为。实践出真知，只有在实践中，才能领略和享受新行为带来的好处。要实施新行为，必须有计划，要有开拓精神并持之以恒，使它产生正反馈，直至成为我们良好的习惯性行为。

三、强化动机法

动机是行为的直接推动力。因而要强化行为自我管理，必须强化动机管理。具体方法如下：

第一，动机对行为有巨大的影响，而动机又主要由人的需要以及价值观所决定。所以改变行为最终还必须从价值观的自我管理上着手。关于如何强化价值自我管理，本书在前面已进行了详细阐述，这里不再重复。除上面所提出的许多方法以外，还有三个方法对增加动机有益：一是拟出一系列我们要改变的原因，二是思考最根本的结果，三是强化动机训练。

第二，必须对渴望实现主要目标的原因有清晰的认识，并牢牢记住目标实现的最终结果。思想和动机触发行为，但是像行为能够修正一样，思想和动机也能修正。

第三，学习努力工作。一分耕耘一分收获，只有努力工作，才能获得所希望的结果。当人们为克服自身具有不希望存在的行为问题付出汗水时，他们的动机也得到了正强化，从而又产生实现目标的更大驱动力。

第四，评价努力的结果。不断温习要达到某些目标的原因、努力训练的结果以及另外一些能增加动机的技能。

四、识别和满足基本需求法

根据心理学的有关研究可知，在从事更高一级的任务之前，人们应满足自身的基本需求。尽管这不是绝对的，但这是普遍存在的。很多行为自我管理项目的失败给予人们的启示是：找出阻碍进步的、不被满足的需求；满足这些需求；再重新实施行为改善项目。具体步骤如下：

第一，发现阻碍进步的需求。如果你想改变上课睡觉的习惯，必须认识到这也许是你的睡眠需求没有得到满足；你上课思想不集中、常常想家，也许是你的情感需求没有得到满足；你想被评为三好学生，尽管你思想好或者还是重要的学生干部，但是由于你的成绩离要求太远而未如愿以偿，那你必须认识到你的求知需求没有得到满足等。

第二，采取适当的方式满足需求。如果要改变上课睡觉的习惯，必须在晚上有充足的睡眠，可以好好计划自己的睡觉时间；要克服上课思想不集中常常想家的弱点，可以多交几个朋友，发展友情，以满足情感上的需要；想成为三好学生，那就必须好好定个学习计划提高成绩，满足求知需要。

第三，再次实施行为改善计划。当你为你进一步的发展建立了稳固的平台后，接下来的工作就是再次实施由于基础不牢而失败的行为改善项目或者实施新的、可行的改善项目。

五、克服自我欺骗法

不可否认的是，人们所有的活动和行为并不都是合理和有目的的。有时人们回避现实，人们否认真相，人们愚弄自己。人们会为不承担一个艰苦而又重要的任务寻找各种借口和合理的根据，会为一个不良行为设计各种好的结果。如你说在校恋爱会影响学习，他却说恋爱会提高双方学习动力；你说在校要集中思想学习科学文化知识，他却说学习太苦、高分者往往低能。自我欺骗的特点主要表现在：

第一，不合理的思想也许夸大了问题，激起了困扰的情绪，并为不合理行为提供借口。因而改变人们的行为必须修正不合理的思想。

第二，人们不断地作出各种归因、假设和结论，但它们不是所有都是符合逻辑和正确的。人们没有意识到在很多情形下他们的思想不是有条理的。

第三，尽管有些借口能保护人们免受伤害，但它们常常扭曲了现实。如在责问一个在校大学生为什么谈恋爱时,他可能会说,大家都在谈。事实上,虽然大学生谈恋爱的现象较严重,但谈恋爱的人数占总数的比例还是低的。

第四,过去遗留下来的无意识情绪影响人们现在的行为。如过去的失败使人们不愿意再次行动。无意识的动机削弱了人们许多自我控制的努力。不是所有的动机都是合理而高尚的。

第五,许多人在做事情和决策时自我欺骗。如有些人故意不好好完成任务,回避承担更多责任的情况。

六、自我观察和评价法

认真记录某一特殊行为的情况是重要的,其具体原因有:一是可以帮助评估自己存在的问题的严重性,二是可以帮助识别最重要的行为改变,三是能为自己建立具体的目标和时间表提供重要线索。另外,它可以让人们清楚行为改变的进步程度。记录行为的具体步骤如下:

第一,选择清楚可数的以及可评价的行为或情绪进行记录。如一个学生要提高自己的学习效率,那么可记录一天中有多少时间是坐在教室里学习,或者记录一天中看了多少页专业书。相对于行为,情绪是难以记录的,所以需要一个评价标度。如关于情绪可以分为以下7种程度。程度1:很愉快,生命中最好的一天;程度2:愉快,总的来说是好的一天;程度3:略感愉快;程度4:混合情绪,愉快和不愉快混杂;程度5:不愉快;程度6:糟糕的一天,很不愉快的一天;程度7:很糟糕的一天,生命中最不愉快的一天。

第二,坚持每天记录。

第三,画出进步图。如横坐标是日期,纵坐标是每天睡觉前有效学习的时间数,就可画出学习效率的提高曲线。

第四,利用进步图作为驱动力,设置现在可行的短中期目标。积少成多,滴水穿石。做好现在的每一步就意味着最终目标的实现。将进步图贴在你的床头,关注你每天的进步,并及时调整你的目标。

第五,在进步图上记下影响你进步的特殊事件。如某天的有效学习时间长,可能因为马上要考试或学习有很大进步而受到老师公开表扬等。

七、行为分析法

假如能了解某个行为产生的原因，就更可能改变这个行为。要发现原因的最好办法就是仔细观察行为产生前后的情形和结果。具体步骤如下：

第一，尽可能回忆目标行为产生以前的所有情形，包括时间、外界环境刺激和自己的思想、情绪等。

第二，思考你的行为和情绪可能产生的积极和消极的结果。认真思考你不想要和希望要的行为所产生的结果，并比较它们。假如你有一个坏习惯，也许感觉克服它没有多大积极意义，但是本质并非如此。每个习惯都有其独特的一系列积极和消极的结果。分析一个行为的所有结果是重要的。行为结果主要有三种形式。一是期望的回报，主要包括外在的奖励（物质的、人际关系的和成功的象征）和内在的满足（感觉愉快、解脱和自尊），这两方面都存在短期和长远的结果问题。如当你实施一个良好的学习习惯时常常感觉也良好，这就是一个结果。二是负强化结果，包括回避矛盾、自我批评、人际关系压力和另外一些不愉快的经历。如当你在某个问题与其他人产生矛盾和争执时，如果采取回避的态度和行为，也许你能暂时避免矛盾冲突的威胁和争执所带来的心理伤害，但是矛盾并没有得到解决，最终会使双方心理上受到更大的压力和伤害，甚至导致双方关系的彻底破裂。这就是行为负强化的结果。三是不想要的结果，包括受到惩罚、批评、人际关系冲突、产生不愉快的想法或任何不愉快的结果。结果也许是积极的或消极的，期望的或不期望的，短期的或长期的，外在的或内在的，物质的或精神等。为了理解自己，必须如实地对待所有可能的结果。

第三，观察和记录行为和情绪发生的前后过程和结果。在执行该过程时至少要观察几天，以决定某一行为的产生是偶然还是必然。

第四，通过观察和记录的有关信息，对行为进行分析。列出每个目标行为产生的可能刺激以及导致其行为得到强化的结果。这将解释引起行为的因素和某一行为控制其他行为的原因。

第五，通过行为分析，可以发现行为产生的原因和相关因素，使人们能更好地控制自己的行为，使不好的行为得到抑制，好的行为得到强化。

八、中断不想要的行为法

一个人的习惯行为是连续的，一旦遇到障碍也是容易停止和改变的。因而，为了克服不良行为的产生，可以为该行为设置障碍。这个设置障碍的方法有以下两种：中断思维法，如想发怒时可数十个数，先中断自己的思维，然后理智地思考和选择行为；分心法，当受到诱惑想实施不良行为时，你可以转移自己的思维，想别的东西。中断习惯行为使其不能自动地、无意识地发生，中断分散你的注意力使你有机会停止它，中断也使你能够发展一个更可取的行为代替不想要的行为，中断使你增加自我控制的信心。具体实施步骤如下：

第一，预先计划如何打断不想要的行为。对于不同的行为可能存在不同的中止方式。如对于冲动性行为（如愤怒、讽刺性评论、诱惑性行动等），首先要识别早期信号，然后计划一个中止：数十下。抑制行为的重要法则是：等十分钟想结果，分散注意力。如对于不必要的或讨厌的想法可采取思想中止法。即在内心大声对自己说："停止，出去！"当然，处理诱惑或不想要的观念最普遍的方法之一是自我分心法。

第二，在真正实践以前先在头脑中模拟中止过程。首先预测什么时间、什么地方一个不想要的行为会产生，一个强烈的情绪冲动会突然爆发，一个不想要的困扰会不断持续。其次在脑海里进行模拟中止训练，直到什么时候、如何中止行为过程的思想在头脑里已根深蒂固。

第三，不断实践，直到成功。不要期望马上能达到目标。不断地改善你的方法，持续实践。

九、以新代旧法

以新代旧法，即一个旧习惯能被一个新的、更可取的行为取代。这包括两种情形：一是更可取的行为能代替不想要的习惯，如人们能用倾听代替劝说；二是人们能发现更好的方式满足需要。以新代旧的目的是寻找比现在更好的行为，并开始用不可兼容的新习惯代替旧习惯。该方法具体步骤如下：

第一，选择一个替代行为并准备用它。仔细思考替代行为并做必要的安排，然后执行它。如早上是锻炼身体和朗读英语的好时间，有必要以开展这种活动代替早上睡懒觉。

第二，用希望的活动代替坏习惯，必须经过详细计划再实施。例如，为了早上能起床锻炼身体，晚上的学习时间就不能定得太晚；早上运动的时间也必须适当，否则新行为就无法被顺利实施。

第三，坚持不懈，直至新行为成为习惯。

十、建立自信心法

自信是一个颇为流行的心理学术语。它影响人们的所作所为。自信来源于：相关的成功经验；观察到其他人成功地处理了类似情形；被说服能做它；心理上已做好了承担某任务的准备。通过客观地增强人们的信心可以改善人们的行为自我管理活动。该方法步骤如下：

第一，在改变事物的能力之中找出增强自信的方法。没有什么比成功更能增强我们的信心。实践的经验比想象的经验更令人信服。一是先树立一个小的行为改善目标，保证其成功，然后逐步扩大改善目标的范围和难度，建立一个逐步改善、逐步行动、逐步成功、逐步自信的一个良性循环。二是通过观察其他人完成某一改善目标，学习如何做，并确信我们也能做好类似工作。三是以开放和虚心的态度接受别人的劝告，增强自己的信心。如多阅读一些关于建立积极的心态和如何成功等一类的励志书。四是要确信自己从心理上做好了完成某项任务的准备以增加自信。

第二，建立信心的同时提高能力。自信和能力是相辅相成的，没有自信就无法提高能力；没有能力，就无法增强信心。学习所需要的技能并反复实践，让自己的信心不断被增加。自信能使自己在接受任务后、处于犹豫不决或放弃之时获得驱动力去行动并坚持不懈。

第三，带着更强大的自信去实施自己的行为改善计划。

第五章　大学生恋爱心理的自我管理

随着生理和心理的逐渐成熟，大学生会逐渐对爱情产生强烈的渴求，他们希望找到自己憧憬已久的理想爱情。爱情既能给大学生带来温馨和幸福之感，也能给大学生带来迷惘和痛苦，甚至是人生悲剧。因此，对于大学生来说，正确地认识恋爱心理、形成健康的恋爱观是非常重要的。

第一节　爱情和恋爱的本质分析

一、爱情的本质分析

（一）爱情的概念

有学者认为："所谓爱情，就是一对男女基于一定的社会关系和共同的生活理想，在各自内心形成的对对方的最真挚的仰慕，并渴望对方成为自己终身伴侣的最强烈的感情。爱情在恋爱过程中产生，在缔结婚姻后得以巩固、发展和深化。"[1]

（二）爱情的类型

1. 浪漫式爱情

浪漫式爱情将爱情理想化，注重形体美，追求肉体和心灵融合为一体的境界。

2. 现实式爱情

现实式爱情比较重视在现实生活中的实用性，只求彼此对现实需要的满足，而对于理想上的较高追求则没有太多的要求。

---

[1] 余孟辉. 大学生心理健康教育（第2版）[M]. 北京：中国水利水电出版社，2011：152.

3. 伴侣式爱情

伴侣式爱情也被称为友谊式爱情，这种爱情是由友情逐渐演变而来的。在伴侣式爱情中，温存多于热情，是一种比较平淡但拥有深厚感情基础的爱情。

4. 占有式爱情

占有式爱情对所爱对象具有强烈的感情，希望对方也以同样强烈的感情回应自己，一旦对方对自己稍有忽略，就会心存不满和猜疑。总之，这种爱情对另一方具有非常强的占有欲。

5. 游戏式爱情

游戏式爱情将恋爱视为游戏，只求个人需要的满足，对所爱之人不肯负道义责任。因此，在这种爱情中，不断更换所爱对象是常有的事情。

6. 奉献式爱情

奉献式爱情的特征是甘愿为所爱之人付出一切，而且不计回报。

除上述类型外，还有一些心理学家按照恋爱中人们对爱情的追求，进一步将爱情分为健康和不健康两大类型。

健康的爱情表现为：第一，不痴情过分，不咄咄逼人，不显示自己的爱情占有欲，可以充分地尊重对方的想法和做法；第二，给予对方比向对方索取更使自己感到欢欣，并且以对方的幸福为自己的满足；第三，爱情是双方独立的个性结合。

不健康的爱情表现为：第一，过高地评价对方，将对方的人格完全理想化；第二，过于痴情，一味地要求对方表露爱的情怀；第三，缺乏体贴怜爱之心，只表现自己强烈的占有欲；第四，偏重于对对方外表上的追求。

（三）爱情的特征

1. 无私性

无私性是爱情的重要特征，爱情是一种责任，意味着要对所爱之人的命运、前途等承担更多的责任。另外，爱情也意味着需要将自己的一切无私地献给所爱之人，与之共建幸福。

2. 排他性

排他性是指恋爱一方排斥异性对自己所钟爱对象的任何亲近或接触的心理倾

向。由于爱情是两颗心相撩发出的共鸣，男女一旦相爱，就要相互忠贞。

3. 互爱性

爱情是一种十分纯洁而又高尚的感情交流，同时也是男女双方心心相印的双向感情交流。真正的爱情往往是不可强求的，只能以当事人的互爱为根本前提。在爱情发展中，男女双方都处于平等互爱的地位。

4. 持久性

爱情是一棵长盛不衰的苍松，而不是昙花一现。爱情所包含的感情因素和义务因素，不仅存在于婚前的整个恋爱过程中，而且要一直延续到婚后的夫妻生活和家庭生活之中。

（四）爱情产生的原因

1. 对异性的欲望和需求

当个体进入青春期时，伴随着性生理和性心理的逐渐发展，自然会对异性产生一定的好感并相互吸引，进而产生要与之在一起的欲望需求。因此，个体性生理和性心理的成熟是爱情产生的生理基础和前提。

2. 相互炽烈的情感

爱情是人类所特有的一种与异性之间产生相互爱慕之情的情感。除了性生理和性心理的因素，爱情的产生还有其他动因，如双方相貌的相互吸引、性格气质的相互融合等，从而让对方产生兴奋、愉悦、和谐、眷恋和炽烈的内心体验，进而达到精神上的情感交流、心灵相连，最终渴望相互结合。所以说，相互炽烈的情感是爱情产生的重要动因。

3. 深刻的社会性要求

在实际生活中，爱情不论是萌发于性的需要，还是强烈的情感需要，其实都是存在于一定社会关系之中的，并且是以一定的社会物质条件、社会文化习俗为背景而构成爱情存在的社会基础的。可以说，社会性是爱情产生的关键因素。这主要体现在以下四方面。

（1）爱情是人类发展到一定历史阶段的现象

随着与现代文明相适应的人类婚姻家庭制度的出现与演变，加之一夫一妻制家庭的逐渐形成，爱情的产生与发展也就构成了人类社会婚姻家庭的基础。

（2）爱情充分体现了人的社会性本质

人的生理需要的表达，要受到一定社会文化、道德习俗等社会生活方式的制约。同时，这是经过人类文明净化的生理需求，体现了人的社会性。

（3）爱情本身体现的是一种社会行为

爱情的追求、婚姻的缔结、家庭的组建等，这些都直接关系到个体的幸福，同时也关系到抚育子女、赡养老人等家庭和社会的责任与义务。

（4）爱情是在人与人之间的社会交往中萌发的

人们对于爱情的理解、对恋爱对象的选择等，是和一定的社会政治经济、思想文化与社会习俗等紧密相关的，而且反映了他们不同的世界观、人生观与价值观。同时，社会生活的丰富与变化，也形成了人们爱情心理的不同内容与形式。

二、恋爱的本质分析

（一）恋爱的概念

恋爱就是"异性之间在生理、心理和环境因素交互作用下互相倾慕和培植爱情的过程"[①]。简单来说，恋爱就是对爱情进行追求的行为。

（二）恋爱的特征

1. 直觉性

恋爱的直觉性指的是恋爱中的男女双方是因相互吸引而在一起的，因而在看对方时总会感到非常舒服和顺眼。"情人眼里出西施"说的就是恋爱的直觉性特征。

2. 冲动性

恋爱的冲动性指的是处在恋爱尤其是热恋中的人，往往会出现认识活动范围缩小、理智分析能力受到限制等情况，即使是日常行为习惯也会发生一定的变化，从而作出很多与平时完全不同的事情。也就是说，恋爱中的人往往降低了对自己

---

① 赵平，夏玲. 大学生心理健康问题与策略研究［M］. 合肥：中国科学技术大学出版社，2012：129.

进行控制的能力，不能对自己的行为进行约束，也不能对自己行动的后果与意义进行正确评价。

3. 波动性

恋爱中的人往往有着较大的情绪变化，在高兴时可能喜笑颜开、手舞足蹈，在懊恼时可能唉声叹气、垂头丧气。恋爱中情绪的大起大落，很可能给身心健康造成不良影响。

4. 隐蔽性

恋爱中的双方往往有着含蓄而有诗意的言辞、隐蔽而有德行的行为举止，而且不论是表情、目光还是言谈、举止，都有着浓浓的爱意。

5. 排他性

恋爱中的双方对对方都是专一执着、忠贞不渝的，而且不希望有人对他们的亲密关系有所介入，并本能地组成一个特殊系统抗拒他人对自己恋爱对象的亲近。恋爱的排他性有助于维持爱情的稳定与长久，但其如果走向极端，则会引起恋爱双方对对方的不信任，严重时甚至产生心理负担和心理问题，最终给恋爱造成不良影响。

（三）恋爱的发展过程

1. 始恋

在始恋阶段，个体会逐渐感到异性的特殊魅力，从而倾慕对方的仪表、风度、气质、言谈、品格、才能等肉体和精神的魅力。可以说，这是个体容易"失魂落魄""寤寐思服"的一个阶段。

2. 依恋

依恋是指一旦被某个有魅力的异性所吸引，那么便会想象对方的一切，并且将想象逐渐推进为自己的理想形象。同时，在这一阶段也会开始考虑接近对方的办法，以找机会向对方表达自己的心思。另外，在这一阶段也往往会反复揣摩对方的心理，不断评估双方情感的持续性和成功的可能性。可以说，这是一个"自我折磨"的痛苦时期。

3. 爱恋

经过前面一段时间的想象、揣摩，此时一方终于鼓足勇气向对方表白，从而意味着真正地进入了恋爱心理状态。这时,主动表白的一方往往会神色紧张、心绪不宁,接受表白的一方也会不知所措。这是恋爱心理发展最为关键的一个阶段。

4. 相恋

双方经过表白并接受对方的爱慕,便正式建立恋爱关系,双方立即亲密起来。从形式上来看,两人形影相随,"一日不见,如隔三秋"。从心理上来看,双方都将各自的灵魂和世界纳入合二为一的轨道。

第二节 大学生的恋爱心理分析

一、大学生恋爱心理的类型

(一)比翼双飞型恋爱心理

拥有比翼双飞型恋爱心理的大学生,进取心、事业心以及自控能力都比较强,还有着成熟的人格、正确的恋爱观,把有共同的价值观念、理想抱负以及获得事业成功看成保持长久爱情的重要基础。在他们看来,爱情既是人生的快乐,又是推动学习和工作的重要动力,因而能够理性、妥善地处理爱情与学习、工作的关系。

(二)追求浪漫型恋爱心理

拥有追求浪漫型恋爱心理的大学生,往往有着比较丰富的情感,向往罗曼蒂克的爱情,追求爱情的浪漫色彩。从表面看来,他们好像对爱情不够尊重,但实际上他们只是觉得相比爱情的责任与义务,在花前月下出没要更加富有韵味和色彩。

(三)功利世俗型恋爱心理

拥有功利世俗型恋爱心理的大学生,在谈恋爱时往往将对方的门第、家产、地位、名誉、处所、职业、社交能力、驯服度等作为重要的前提条件,从而使恋爱呈现出鲜明的功利性和世俗性。

（四）时尚攀比型恋爱心理

拥有时尚攀比型恋爱心理的大学生，往往对恋爱持随意的态度，只是跟着感觉走，将恋爱看成一种精神上的补偿，因而目的性不强或者说根本没有目的性。

（五）生活实惠型恋爱心理

拥有生活实惠型恋爱心理的大学生，往往是现实的、理智的，并将大三、大四阶段看成谈恋爱的合适时期。在他们看来，这时候谈恋爱会使彼此更加了解和相互信任，而且会使恋爱和毕业动向相统一，因而容易获得成功。

（六）玩伴消费型恋爱心理

拥有玩伴消费型恋爱心理的大学生，往往只有很少的同性朋友，而且精神上很空虚，时常感到孤独和苦闷。对于他们来说，谈恋爱只是为了对自己精神的空虚进行弥补。

二、大学生恋爱心理的特征

大学生的恋爱心理具有一定的特征，概括来说，这些特征主要包括以下几方面：

（一）年级性

大学生在年级升高的同时，与异性接触的机会也逐渐增多，加上周围环境干涉得越来越少，使得大学生恋爱的心理需求在总体上呈越来越迫切的趋势。这就是大学生恋爱心理的年级性特征。

（二）开放性

当前，随着社会的进一步发展，大学生日益呈现出开放性的恋爱心理，也常常在大庭广众之下和恋爱对象表现出亲昵行为。

（三）自主性

大学生在谈恋爱时，往往将自己的意志和情感作为最根本的出发点，很少会考虑传统习俗的限制，也很少会告知父母或是征询父母的意见，从而显示出较强的自主性。

（四）少功利性

大学期间的恋爱，往往是因共同学习、长期接触而产生的，因而与社会上的恋爱相比，具有情感单纯、少功利性的特点。不过，大学生恋爱心理的少功利性特征也使得大学生恋爱普遍没有结果。

（五）不成熟性

大学生的人生经验欠缺，社会阅历较浅，成熟的世界观、人生观和价值观未形成、没有明确人生目标和定位，因而其恋爱心理从总体来说是不够成熟的。具体表现为无法真正理解爱情的真谛、不能对爱恋中的情感纠葛进行妥善处理、恋爱选择易反复不定、缺乏恋爱责任感等。

（六）重过程、轻结果

当前大学生的恋爱，往往只注重过程，而不对结果进行慎重考虑。这对于大学生的成长来说既有积极的一面也有消极的一面。积极的一面是可以使大学生的情感得到充分发挥、学会付出、抛弃功利思想、及时把握幸福；消极的一面是会降低大学生对自己的控制与约束能力，使大学生无法形成坚定的爱情信念，从而无法坚守自己的爱情。

三、大学生恋爱心理的一般过程

大学生恋爱心理的一般过程，具体来说有以下三个阶段：

（一）好感阶段

好感就是在人际交往中产生的一种相互欣赏的情感体验，而好感的获得通常是从第一印象开始的。由于人们在对事物进行正确认识时要经过由表及里、由浅入深的过程，因而最初获得的好感能够在一定程度上指导和推动认识的进一步发展。

在恋爱中，第一印象指的是男女双方第一次相见时所表现出来的总体风度和气质，包括外表体态、穿着打扮、言谈举止等。不过，第一印象往往是一般化的、片面的、肤浅的，因而要想获得真挚的爱情，应该在第一印象的基础上进行积极的接触和相互了解。但不可否认的是，在恋爱过程中产生良好的第一印象是非常重要的，会使男女双方产生进一步交往的愿望。

（二）爱慕阶段

在好感的基础上，男女双方通过对彼此的深入了解，会产生更加深刻的情感体验，并会在理智的支配下萌生对对方的爱慕之情。

（三）相爱阶段

男女双方如果只有一方爱慕另一方，则他们之间的感情并不是爱情。只有男女双方相互爱慕，才可能进一步建立爱情。

在恋爱中，由单方爱慕发展到相互爱慕，有可能是同步的，也有可能是异步的，还有可能会经历很多的波折和磨难。但是，如果男女双方心心相印，总会迎来属于自己的爱情。

第三节 大学生常见的恋爱问题与管理

一、大学生常见的恋爱问题

大学生在恋爱过程中经常会出现一些问题，概括来说，主要包括以下几方面：

（一）恋爱动机不正确

大学生的恋爱动机是多种多样的，只有健康、纯洁的恋爱动机才能保证恋爱的顺利发展。但在当前大学生的恋爱中，存在着很多不正确的恋爱动机，如为了弥补内心的孤独空虚而谈恋爱；为了排解生活的寂寞而谈恋爱；为了攀比而谈恋爱；为了展示自己的魅力而谈恋爱；盲目追随大流而谈恋爱等。这些不良的恋爱动机，都没有以真挚的情感为前提，会导致恋爱先天不足，无法开花结果。

（二）恋爱选择犹豫

有些大学生在面对"该不该谈恋爱"这一问题时，往往犹豫不决，不知道该如何进行选择。通常来说，如果还不确定自己是否应该谈恋爱，则说明还没有喜欢的异性走进你的内心。大学生如果存在这一恋爱心理问题，则要注意切不可因为周围的同学都在谈恋爱而使自己产生谈恋爱的想法，否则很可能使自己失去真正的爱情。

（三）恋爱道德观不正确

大学生在谈恋爱时应将爱情作为恋爱的基础，将高尚的情趣作为恋爱的动力，而且在恋爱中对对方的人格与权利高度尊重，并始终信守承诺、保持感情专一。大学生要使自己的恋爱是高尚的，就要树立起正确的恋爱道德观。然而，有些大学生在恋爱的过程中缺乏正确的恋爱道德观，或是对待恋爱对象态度随意；或是见异思迁、朝秦暮楚；或是沉溺于"三角恋""多角恋"等，从而导致纯洁的爱情被玷污，还会使恋爱对象的身心健康受到严重影响。

（四）择偶标准不恰当

大学生由于年龄尚小、社会阅历缺乏，再加上受文学、影视作品的影响，往往将择偶对象理想化，从而导致择偶标准不恰当。择偶标准不恰当的大学生，或是希望自己的对象不存在任何缺陷，是十全十美的，或是以自己心中的偶像为标准来找对象，或是依据明确的条件限制（如身高必须多高、体重必须多重、家庭条件应该怎样等）来找对象，若是低于限制条件则坚决不考虑等。这些不恰当的择偶标准，很可能会导致自己无法寻找到合适的对象。

需要指出的是，择偶标准中的因素，如对象的品质、素养等是必须有的，而地位、经济等则是非根本性的，因为这些因素是可以通过后天的努力获得的。

（五）在爱情表达方式上缺乏修养

爱情的表达方式，能够在很大程度上体现一个人的道德水准与修养水平。对于大学生来说，在对爱情进行表达时应与自己的身份相符合，同时还应注意做到举止文雅、说话有分寸。

（六）性行为轻率

当前，有些大学生因受到西方性解放观念的影响，在恋爱中对性行为通常采取轻率的态度，恋爱后不久便会发生性关系，甚至在校外租房过同居生活。大学生对待性行为的这种轻率态度是对自己不负责任的行为态度，甚至会导致自己日后无法获得幸福圆满的爱情和婚姻。

（七）不能正确对待恋爱挫折

大学生在恋爱过程中遇到挫折是十分正常的。对于恋爱挫折，大学生如果不能正确地对待，则可能导致自己的精神受到刺激，进而诱发一些心理疾病，对心理健康产生严重危害。一般来说，大学生会遇到的恋爱挫折主要有以下三点：

1. 单恋

单恋指的是"一方对另一方以一厢情愿的倾慕与热爱为特点的畸形爱情"。由于单恋是单方面的倾慕，因而并不等同于恋爱。不过，当事人如果对单恋沉溺过深，则会导致严重的不良后果。对于大学生单恋者来说，可能会产生的不良后果主要包括以下四方面：

第一，会导致单恋者的斗志逐渐被消磨。

第二，会导致单恋者虚度宝贵的青春。

第三，会导致单恋者无法集中精神进行学习和生活。

第四，会导致单恋者产生一些心理失衡，如性格孤僻、内心封闭、兴趣低沉，甚至会产生一些心理疾病。

2. 失恋

对于大学生来说，恋爱关系是其除师生关系、同学关系以外最重要的关系，对于其寻找自身的价值观也有着重要的作用。

（1）大学生失恋的原因

大学生失恋的原因有很多，概括来说主要有以下几种：第一，因环境条件的制约而导致失恋；第二，因一方变心而导致失恋；第三，因恋爱动机不正确而导致失恋；第四，因外界干涉而导致失恋；第五，因性格、兴趣、思想等不合而导致失恋；第六，因自身缺点过多且不注意改正而导致失恋。

（2）大学生失恋的后果

大学生在失恋后，通常会产生一些不良的心理，如消沉心理、自卑心理、报复心理、绝望心理等。对于这些不良心理，如果不及时采取有效的措施进行疏导，就将会对大学生的身心健康造成不良影响。

3. 恋爱纠葛

恋爱纠葛也是大学生在恋爱中经常会遇到的一种挫折。恋爱纠葛就是恋爱双方因主、客观原因而引发的欲罢不忍、欲爱不能的强烈感情冲突。它会使恋爱中的大学生出现焦躁、紧张、忧郁、恐惧等不良情绪，无法正常地进行学习和生活，还会使恋爱中的大学生产生精神疾病，更有甚者会走向自杀。

二、大学生恋爱问题的管理

对于大学生在恋爱过程中存在的问题，应该采取一定的管理方法。概括来说，可以通过以下方法有效避免大学生恋爱过程中存在的一些问题：

（一）树立健康的恋爱心理

一般来说，健康的恋爱心理包括以下四方面的内容：

1. 有单纯的恋爱动机

只有具有单纯的恋爱动机，才有可能获得真正的爱情，而且恋爱的目的应该是寻找一个与自己志同道合、同舟共济的终身伴侣，以共同走过未来的人生道路，而不应该是为了获得某种好处。因此，在谈恋爱时，一定要具有单纯的动机，而不应过分看重恋爱对象的外貌、金钱、地位和权势等。当然，恋爱的最终目的是缔结婚姻、成家立业，而这需要有一定的物质基础作保障，因而在恋爱过程中适当对对方的家庭、职业、经济状况等进行考虑也是无可厚非的，但是将其作为恋爱的主导动机则是万万不可的。

2. 时刻保持理智性

在恋爱的过程中要非常注重理智。具体来说，在刚刚谈恋爱时，要以理智为指导，对恋爱对象进行客观、全面的观察与评价；在进入热恋后，要注意运用理智对自己的情感和行为进行适当的调控，以使自己的行为与社会规范、社会道德相符合。恋爱中如果没有健康的理智存在，则会使恋爱双方因冲动而作出错误的判断，甚至是发生后悔莫及的事情。

3. 心理相容

心理相容并不是指恋爱双方有着一致的性格、爱好、兴趣等个性心理特征，而是指恋爱双方以共同的思想认识为基础，通过彼此间的相互影响、承认和理解来互补所短，从而形成互助和谐、相互促进的良好效果。恋爱双方只有心理相容，才能保证恋爱获得成功。而且，恋爱双方心理相容的程度越高，越有可能获得和谐的爱情；反之，则无法获得和谐的爱情，并时刻感到痛苦、惆怅和失望。

4. 思想感情一致

恋爱双方要想获得爱情的成功，并能同甘共苦、携手走过未来的人生，必须思想感情一致，理想信念合拍，否则会导致恋爱最终走向失败。

（二）拥有正确的恋爱态度

通常来说，透过一个人的恋爱态度，可以看出其道德情操和精神世界是怎样的。因此，对于大学生来说，必须形成正确的恋爱态度。而大学生需要形成的正确恋爱态度，具体来说要包括以下四方面的内容：

1. 尊重恋爱对象

在恋爱中，尊重恋爱对象是非常重要的。尊重恋爱对象就是让恋爱对象以自己的方式、为了自己而进行成长，不对其横加干涉。大学生一定要形成尊重恋爱对象的态度，尊重恋爱对象的情感，不将自己的意志强加于恋爱对象。

2. 专一地对待爱情

专一地对待爱情，指的是男女双方的恋爱关系一旦确立，就要经受得住时间和现实的考验，对双方的感情进行专心、精心的培养，以使爱情保持长久。在恋爱中，如果一方不能专一地对待另一方，则爱情是不可能长久的。因此，大学生一定要形成专一地对待爱情的态度，以使自己能够获得至真、至善、纯洁、永恒的爱情。

3. 真诚地对待恋爱

恋爱中的双方只有以诚相待，将彼此最为真挚的感情献给对方而没有任何的不良动机和目的，才能获得纯洁的爱情。因此，大学生一定要形成真诚地对待恋爱的态度。这也是恋爱双方全面了解和充分信任的基础，是产生美好爱情的重要条件。

4. 正确对待爱情与学业的关系

在人生中，爱情是非常重要的，但并不是人生的唯一，更不是人生第一位，因而要处理好爱情与其他方面的关系。

对于大学生来说，面临的主要是爱情与学业的关系。只有处理好这一关系，才能获得爱情、学业的双重收获，否则只会浪费宝贵的学习时间，既荒废了学业，也无法获得爱情。

（三）采取恰当的恋爱方式

1. 准确把握感情的分寸

通常来说，成功的爱情要经过一个由低到高的培养和发展过程，任何超越恋爱的感情发展阶段，"飞跃"而成的爱情最终几乎都会因缺乏深入的了解、必要的感情基础而无法开花结果。因此，大学生在恋爱过程中一定要把握好感情的分寸，在恰当的时候表现出恰当的感情、作出恰当的举动，以使双方在逐渐了解的基础上，推动爱情的进一步发展。

2. 学会调适热恋中的性冲动

大学生在恋爱过程中，随着感情的进一步发展而产生强烈的性冲动是不可避免的。对此，必须采取合理的方式对其进行调适，以防作出不理智的举动，给自己和恋爱对方的身心造成不良影响。

（四）养成良好的恋爱行为

良好恋爱行为的培养，对于健康恋爱观的形成有着非常重要的作用。对于大学生来说，养成良好的恋爱行为主要包括以下两方面：

1. 文雅的恋爱言谈

恋爱双方在交谈时，要自然、真诚、坦率，不可装腔作势，不能说脏话或污言秽语，也不能态度高傲、出言不逊，要在相互理解和信任的基础上进行交流，不能不可理喻地对对方进行盘问，以免对方的自尊心受损。在恋爱中的双方如果不对自己的言谈加以注意，很可能会使对方产生厌恶之情，从而无法获得恋爱的成功。

2. 得体的行为举止

一般来说，当男女双方刚刚相恋时，内心会感到非常紧张和羞涩，但是随着交往的进一步深入则会变得自然大方。在这一时期，一定要非常注意自己的行为举止，避免不合时宜的亲昵动作过早出现，从而引起对方的反感，导致恋情无法顺利进行。同时，恋爱双方在发生亲昵的举动时，要特别注意时间和场合，以免带来不好的影响。

（五）培养爱的能力

爱的能力是指与他人建立亲密关系的能力。一个人只有真正具备爱的能力，才能真正地爱自己、爱他人，才能在爱情中真正体验到爱的快乐。因此，大学生在培养健康的恋爱观时，也要注意培养自己爱的能力。具体来说，大学生需要培养的爱的能力主要包括以下几方面：

1. 判断爱的能力

爱情中是不能有虚假的，有些人常常以为自己和对方走到一起是因为爱，但实际上其中可能掺杂了一些与爱无关的因素，如对方的长相、家庭背景、经济条件，自己的虚荣心、怜悯心、征服欲、冲动等。因此，大学生在恋爱时一定要具有判断爱的能力，以对爱情的真伪进行判别，从而使自己能够获得真正的爱情。

2. 表达爱的能力

在爱的能力中，表达爱的能力也是一项非常重要的内容。表达爱的能力就是在心中有了爱并经过理智的分析后，勇敢地进行表达，以免错过爱情。表达爱表明了爱一个人是非常幸福的，即使得不到对方的回应，也表明了爱需要承担一定的责任。而在表达爱时，需要具有信心和勇气，也需要选用恰当的语言与方式。

3. 维持爱的能力

恋爱双方在确定了恋爱关系后，就需要对爱情进行维护和发展，以使爱情保持长久。因此，维持爱的能力也是在恋爱中的一项非常重要的内容。维持爱情的长久，需要不断对自己进行充实和完善，以使自己不断变得丰富与深刻，从而增强对恋爱对象的持续吸引力，用无私奉献的精神对对方进行体谅和包容，并通过积极的交流与沟通有效地解决各种冲突，尊重对方的价值观念、行为方式等，并给予对方充分的信任、自由和空间，以使双方的信任感进一步增强等。

4. 接受爱的能力

不同的人在面对别人爱的表达时，会呈现出不同的表现方式。有的人会欣然接受，有的人因害怕受伤害而不敢接受对方的爱，还有的人因感觉自己不值得被爱而不敢拥有爱情。但不论表达方式是怎样的，都对对方爱的表达进行了及时回应。对于大学生来说，当获得别人爱的表达时，如果自己对对方也有很大的好感，就应该满怀信心地、勇敢地接受，这样才可能获得真正的爱情。

5. 拒绝爱的能力

拒绝爱的能力就是对于不想得到的爱情理智地进行拒绝的能力。面对自己不想得到的爱情，如果优柔寡断或因对方的穷追不舍而勉强答应，只会给双方带来痛苦。因此，大学生一定要注意培养自己拒绝爱的能力。通常来说，拒绝爱的能力主要包括以下两个方面的内容：第一，对于自己不想得到的爱情要理智、果敢地说"不"；第二，在拒绝自己不想得到的爱情时要运用恰当的方式，如明确地进行表示、适当地进行解释、委婉地进行劝解等。

6. 承受恋爱挫折的能力

爱情是非常甜蜜的，遇到恋爱挫折则是非常痛苦的。但是在恋爱中，遇到恋爱挫折是不可避免的。大学生由于社会阅历较低、心理不够成熟，在遇到恋爱挫折时往往不能有效地进行应对，从而使自己沉溺在恋爱挫折之中，自暴自弃、无心学习，甚至引发严重的心理问题，因此对于大学生来说，培养承受恋爱挫折的能力也是非常重要的。

7. 解决爱情冲突的能力

恋爱中的双方发生冲突是不可避免的，这一方面可能源于双方的性格差异，另一方面可能源于日常生活中的不一致或不协调。当发生冲突时，恋爱双方应在相互理解、相互包容的基础上合理地进行解决。一般来说，沟通是非常有效解决爱情冲突的方式。恋爱双方通过有效的沟通，可以使自己的思想、感受得到清晰明确的表达，从而有效地对冲突进行化解。伤害性的争吵或者冷战，都是解决爱情冲突时不可采取的方式。

第六章 大学生情绪的自我管理

情绪对于大学生身心的发展至关重要。健康的情绪有助于大学生坚定理想和信念，形成道德感和社会责任感；有助于提高大学生参加社会活动时的积极性；有助于消除自卑、郁闷、烦躁等不良情绪的干扰；有助于大学生社会交往意识的提升，形成良好的人际关系环境。情绪健康是大学生心理健康的重要指标，情绪异常很可能是心理异常的反映。

第一节 大学生情绪情感的心理结构

处在青年期的大学生，情绪、情感上正经历着急剧的变化，表现为情绪起伏波动大；情感体验深刻、丰富和复杂；容易陷入情绪困扰。抑郁是困扰大学生的情绪问题之一，也是导致大学生自杀的主要原因之一。这一特点明显地影响到大学生的学习、生活等各方面，长期持续的不良情绪还会严重危害大学生的身心健康。了解大学生情绪和情感发展的特点，培养大学生学会情绪情感的自我管理，消除不良情绪，培养良好的情绪和情感，对于增进大学生的心理健康有着重要的意义。

一、情绪情感的含义

情绪和情感是人的心理活动的一个重要方面，产生于认识和活动的过程中，并影响着认识和活动的进行。概括地说，情绪和情感是人对客观事物是否满足自身需要而产生的态度体验。人们在进行认识和活动的过程中，总要和客观事物发生各种各样的联系，并对它们产生不同的态度。这种态度又以带有独特色彩的体验形式表现出来，如考试取得好成绩使人感到轻松、愉快，失去亲人则令人悲哀、痛苦，遭人打骂会感到愤怒、敌意，处境危急时则感到焦虑、恐惧。这些喜、怒、悲、惧等，都是带有独特色彩的态度体验，是由人对事物的不同态度决定的。人的情绪状态是复杂多样的，按照持续时间长短、强弱程度和影响深浅，可将其分为心境、激情和应激三种状态。情感是人类在社会历史发展过程中形成的，它和人的社会观及评价体系密不可分，反映了个体和社会的一定关系，体现出人的精神风貌。情感主要可分为道德感、美感和理智感。

人对客观事物采取何种态度，要看它是否符合和满足人的需要。与人的需要毫无关系的事物，不会引起人任何细微的情绪体验；只有那些与人的需要紧密相连的事物才能令人产生种种情绪和情感体验。凡是能够满足人的需要或符合人的愿望的事物，就使人产生肯定的态度，引起积极的体验，如愉快、喜悦、满意、爱慕、尊敬等。反之，凡是不符合需要或与意思相违背的事物，则会使人产生否定的态度，引起消极的体验，如不愉快、愤怒、憎恨、恐惧、悲哀、羞耻等。有时，即使是同一件事物，由于不同人的需求不一样，也可能引起不同的内心体验。如，同是一轮圆月，恋爱中的情侣看到它时，体会到愉悦、爱慕的美好情感；而独在异乡的游子却被勾起无尽的思乡愁绪。此外，由于客观事物和人的需要的复杂性、一件事物可以其不同的方面与人的需要同时处于不同的关系之中，因而产生诸如百感交集、悲喜交加等复杂甚至矛盾的情绪和情感体验。

大学时期正是人的情感体验最丰富的阶段，是内分泌激素中与情绪兴奋有直接关系的肾上腺激素进入旺盛分泌的阶段，该阶段大学生易兴奋、易激动，情绪体验强烈，常易出现"急风暴雨"式的激情状态。我们经常可以看到，课堂上教师的一个生动例子，会立即引起学生热烈的情绪反应。大学生的激情状态具有二重性。积极的方面，他们热情奔放，豪情满怀，勇往直前，可能成为作出惊人业绩的巨大动力。例如，可以表现出为真理、正义、斗争而献身的热忱和壮烈的行动，历史上的五四运动参与者大多是青年人。消极方面，则表现为易冲动，不冷静，盲目的狂热，导致作出一些蠢事和坏事。如他们常常为一点小事被激怒、怄气、对抗，出现不理智的行为。另外，由于大学生辩证逻辑思维发展水平还不高，对待问题易产生偏激，也由于影响大学生情绪的各种社会因素（如学习成绩、师生关系、同学交往、社会工作等）大量出现，致使大学生的情绪、情感易出现起伏波动。他们会因一时的成功（如获得奖学金）而兴高采烈、兴奋不已，又会因一时挫折（如考试成绩不好）而垂头丧气、懊恼不止。有时还会出现莫名其妙的情绪波动。但与中学生相比较，大学生们在学习、生活、人际交往过程中，知识经验日益丰富，对情绪、情感的控制调节能力逐渐增强，他们的情绪、情感出现了较稳定的特点，有明显的心境化趋势。他们会因考试受挫或人际关系矛盾而在相当长的一段时间里，处于不良的情绪状态中；也会因获得成功而生活在良好的心境里。与此同时，大学生的情绪表现具有内隐的性质，即他们的内心体验和外部有的表现一致，有的甚至完全相反。这类情绪文饰、内隐现象，表明大学生对情绪已具有相当的自我控制能力。

二、大学生情绪情感的结构

人的情绪情感由三个要素构成：第一，特殊的主观体验。指人在主观上感觉到、知觉到的情绪状态。如喜、怒、哀、恐等，这些都是独特的主观体验色彩。第二，情绪的生理基础。中枢神经系统对情绪起着调节和整合作用，在情绪反应产生时，神经、呼吸、循环、消化、内分泌等系统都要发生一系列变化。所以情绪产生时必然伴随着显著的、身体内部的生理变化，必然影响到人的生理健康。第三，情绪的外部表现形式。包括面部表情在内都是情绪表现的主要形式，如眉开眼笑、愁眉苦脸、目瞪口呆、面红耳赤等都表示了不同的情绪状态；体态表情是身体各个部分姿态的变化，如手舞足蹈、垂头丧气、坐立不安等；言语表情主要指语言的声调、音色、节奏、速度方面的变化，如悲哀时语调低沉、言语缓慢，喜悦时语调高昂、速度较快、语音高低差别大。

从大学生情绪情感发展的纵向构成看，大学生情绪和情感的发展呈现出明显的阶段性特点。单就大学阶段而言，有着显著的年级差异：第一，低年级学生情绪和情感的特点。刚刚跨入大学校园的新生，心中涌动着成为一名大学生的自豪感，对校园中的一切都感到新鲜、好奇，体验到走出"黑色七月"的轻松和愉快；同时，可能由于理想中的大学生活与现实的巨大落差等，许多大学生感到强烈的失望、迷惑和自卑。激烈的竞争、繁重的课程、不同的教学方法使大学生在短暂的轻松感过后很快便感到压力和紧迫感。陌生的环境和人、生活上的不适应，使得低年级大学生产生恋旧感,深深地思念父母家人和旧日同学。因而,一年级大学生的情绪和情感体现出自豪感和自卑感交织、轻松感和压力感交织、新鲜感和恋旧感交织的特点。第二,中年级大学生情绪和情感的特点。二、三年级的大学生在经过一年的调整后,已逐渐融入大学生活和学习之中,适应性情感增强。表现为专业思想渐趋稳定,学习兴趣浓厚,求知欲强,思维活跃,对自我的认识进一步深入,独立感、自尊感和自信心得到发展。此时大学生的人际交往逐渐增多,与班级同学的感情较为密切,并建立起深厚的友谊,一些大学生还开始了对爱情的追求。中年级大学生爱好广泛,积极参加社会活动和审美活动等。社会责任感、义务感、荣誉感和美感进一步发展并成熟。情绪和情感总体看来较为平稳。第三,高年级大学生情绪和情感的特点。经过近四年时间的大学学习,高年级学生即将告别学校,走上工作岗位,此时他们的社会责任感明显增强,社会性情感日趋丰富,主要表现为更多地关心个人与社会的关系,思考人生价值和意义。毕业在即,高年级学生大多面临毕业考试、论文答辩、求职择业、恋人去向等诸多抉择和压力,因此紧迫感和忧虑感十分明显,同时对母校和班级、同学产生惜别留恋之情,依依不舍。但也有个别大学生,因在学习或择业中遭到挫折,产生愤怒、焦虑、紧张情绪,在冲动中作出毁坏公物、打架斗殴等恶劣行为,需要引起注意,并加以教育和引导。

从大学生情绪情感类型结构上看,不同层次的大学生的情绪和情感有不同的特点。按在校学习成绩、表现及能力,可将大学生分为优秀生、中等生与后进生三个层次。现对优秀生和后进生的情绪和情感特点作简单介绍:优秀生的情绪和情感特点为优秀生的独立感、自尊心和自信心较强,情绪大多积极、愉快、乐观。他们的求知欲极强,学习兴趣浓厚,能体验到获取知识和有所创造时的快乐,对班集体的责任感和荣誉感较强。后进生的情绪和情感特点为后进生的内心充满了矛盾,一方面他们想努力学习、奋发进取,甩掉落后帽子;另一方面又常因缺乏毅力和恒心,半途而废,徘徊不前,因而内心常常感到苦恼、痛苦、自责。他们既有强烈的自卑感,又有一定的自尊心,最忌别人揭短,怕人瞧不起。科学认识大学生情绪和情感发展的特点,有助于准确把握他们的心理和行为,调适不良情绪,促进良好情绪和情感的培养。

三、大学生情绪情感的形成

人们的情绪和情感都有着从简单到丰富、从不成熟到成熟的发展进程,每个发展阶段各有不同特点:婴幼儿(1~3岁)在出生后不久基本上只有愉快和不愉快两种情绪,渐渐会形成快乐、害怕、发怒、害羞等情绪,和母亲产生感情依恋;童年期(4~14岁)各种情绪继续丰富发展,同时理智感、道德感、美感等社会性情感产生并逐渐发展;青年期(15~25岁)的人情感丰富复杂且体验深刻,情绪的波动起伏大,易冲动;到了壮年期(26~45岁),情绪和情感则渐趋稳定成熟,能够自我控制和调节情绪,此时社会责任感强烈;中老年期(45岁以后)情绪基本是平静、恬淡,顺乎自然,但受更年期、疾病衰老、家庭生活变故等的影响,易出现忧郁悲观、孤独寂寞、多疑易怒等消极情绪。

情绪情感的形成条件很复杂,概括而言,主要包括三个方面。第一,客观现实是情绪产生的源泉。一般来说,人类的基本情绪及表现形式是生来就有的。然而,个人丰富的情绪体验及复杂的情绪表现是后天学习的结果,即根据客观事物的不同特点及事物与人之间存在的关系不同,人们就对这些事物拥有不同的态度,有不同的情绪体验。如人之所以会哭,可能是因为伤心;人之所以会笑,可能是因为快乐。但是,客观事物刺激情绪并不是情绪产生的直接原因,其中认知因素起了重要的中介作用。比如,当大学生成绩优秀时,就会十分愉快;当他们有一天突然发现自己丢失了很重要的东西时,就会感到悲伤等。第二,人的需要是情绪产生的基础。快乐实际上是人的需求得到满足时的情绪体验。西方流行着一个"快乐公式",即快乐=满足:欲望(快乐是满足与欲望之比)。第三,各种具体的内心体验。一是愤怒是欲望和要求被阻止时所产生的情绪。愤怒从强度的大小看可以分为轻微不满、气恼激怒、大怒、暴怒、狂怒等形式。愤怒的强度越大,越容易使人失去理智控制。从时间上说,有即时产生的愤怒和延缓产生的愤怒两种。一般来说,文化修养越高,立即产生的愤怒越少。生气(气愤)会耗费人体大量精力,其程度不亚于参加一次1千米赛跑。生气时的生理反应十分剧烈,人体产生的内分泌比其他情绪都复杂、都更具毒性。因此,动辄生气的人很难健康。二是恐惧是一种企图摆脱危险的逃避情绪。从强度上看,恐惧是从轻度地担忧到惧怕、恐慌、恐怖。恐惧感强度越大，产生的消极作用就越大。三是悲哀是人类原始情绪之源。悲哀是指与喜欢、热爱的对象遗失、破裂或所盼望的东西幻灭相联系的情绪体验。悲哀程度取决于所失去的东西的价值。比如，深切的悲哀是由失去亲人或贵重的东西所引起的。悲哀根据其程度不同可以分为遗憾、失望、难过、悲伤、极度悲痛等，悲哀有时伴随哭泣，它是一种消极的情绪。较强的悲哀常导致失眠、食欲不振、失望焦虑等反应，不仅有伤身体，也影响思想和信念。

第二节 大学生情绪情感的特征

大学生正处在青年期，具有青年人共有的情绪和情感特征，情感丰富、复杂、不稳定。青年人对人、事、社会现象十分敏感、关注，对友谊、美、爱情、正义等的追求十分执着，爱思考、辩论，甚至于以行动来维护心目中的真、善、美。他们的情感体验深刻强烈，感情容易外露，喜怒哀乐常形于表面，在外界刺激下容易冲动、凭感情用事，过后又懊悔不已；情绪起伏波动较大，呈两极趋势，有时兴奋激动如火山爆发，有时消沉忧郁甚至失去活下去的勇气。此外，大学生这一群体由于其独特的社会地位、知识水平、心理发展特点以及生理状况，使得他们的情绪和情感具有鲜明的特点。

一、大学生情绪情感的两极性

大学时期是人生面临多种选择的时期，学习、交友、恋爱等人生大事基本在这一阶段完成。社会、家庭、学校及生活事件，都会对大学生的情绪产生影响。尽管大学生的认识水平有了一定的提高，对自己的情绪已有了一定的控制能力，情绪亦趋于稳定，但大学生相对敏感，情绪带有明显的波动性，一句善意的话语、一个感人的故事、一支动听的歌曲、一首情理交融的诗歌，都可以致使青年情绪骤然发生变化。特别是在社会转型过程中，社会的变迁、体制的变革，新与旧价值观的更替，种种复杂的社会现象更容易使大学生产生困惑和迷茫，产生情绪的困扰与波动。同时，由于大学生正处于情绪表现的"动荡"时期，他们在自我认知、生涯发展及心理发展还未成熟，因此情绪起伏较大，带有明显的两极化特征：

胜利时得意忘形，受挫折时垂头丧气；喜欢时花草皆笑，悲伤时草木流泪，情绪的反应摇摆不定、跌宕起伏。有人对大学生进行调查，发现70%的人情绪都是经常两极波动的，也就是像波动曲线一样，忽高忽低、忽愉快忽愁闷。

情绪、情感的两极性是指情绪与情感不论从哪个角度来分析，都存在两个对立的方面，其基本表现形式有肯定与否定、积极与消极、紧张与轻松、强与弱等。在一定的条件下，相反两极的情感可以相互转化。大学生的生理发展已经成熟，由于性成熟和性激素分泌旺盛，大脑皮层和皮层下中枢之间出现暂时的不平衡，易产生情绪波动。另外，从人体生物节律来看，人的体力、情绪和智力都有周期性的变化。处在高潮期时，人感到体力充沛、心情愉快、思维敏捷；处在低潮期时，人会觉得疲劳乏力、心情沮丧、思维迟钝。两极性是指大学生的情绪容易从一个极端跳到另一个极端，摇摆不定。情绪的两极性表现为紧张与轻松、激动与安静、肯定与否定、从弱到强等状态。情绪两极性的心理原因主要有三个方面：一是由于大学生对事物的认识还不稳定，还缺乏完整的把握，因而在思维方式上往往轻易地加以绝对的肯定或否定，容易走向极端；二是大学生的内在需要日益增长并不断变化，与现实能够满足需要的可能性之间存在一定矛盾；三是大学生理想与现实的不一致引起的矛盾和波动。

大学生情绪的冲动性常常与爆发性相连。大学生的自制力较弱，一旦出现某种外部强烈的刺激，情绪便会突然爆发，借助于冲动力量的驱使，以至于在语言、神态及动作等方面失去理智地控制，忘却了其他任何事物的存在，极易产生破坏性的行为和后果。心理学家霍尔认为，青年期处于"蒙昧时代"向"文明时代"演化的过渡期，其特点是动摇的、起伏的，他把这一时期称为"狂风暴雨"时期。由于知识水平和认知能力的提高，大学生对自己的情绪能够有所控制，但由于他们兴趣广泛，对外界事物较为敏感，加之年轻气盛和从众心理，因而在许多情况下，其情绪易被激发，犹如急风暴雨不计后果，带有很大的冲动性。他们往往对符合自己信念、观点和理想的事件或行为迅速发生热烈的情绪；对于不符合自己信念、观点和理想的事件或行为，则迅速出现否定情绪。个别的有时甚至会出现盲目的狂热，而一旦遇到挫折或失败又会灰心丧气，情绪来得快，平息也快。

研究发现，"一般情况下，大学生出现强烈的心理反应之后，不仅心理状态会受到严重的影响，同时，其思维判断能力也同样会受到一定程度的干扰，出现痛苦感、记忆力下降等症状，并伴随出现行为失常和意志力减退等多种问题。出现强烈心理反应之后，大学生将会出现较强的痛苦感，并且心理状态急剧恶化，甚至会产生轻生的念头，其社会功能的实现也难以为继"。[①]

二、大学生情绪情感的复杂性

大学生的情绪心理发展过程既有明显的层次性，又有纵横交错的复杂性，体现为不同年龄（年级）的大学生情绪有差异。一般认为，一方面，随着年龄的增长、年级的升高，情绪稳定性增加，波动性与冲动性减少。另一方面，不同的个体在情绪表现上显示出一定的差异，男女之间情绪差异更明显。

大学生的情绪和情感极为丰富。不论在日常生活、学习、交往中，还是在从事社会活动时，无不带有浓厚的感情色彩。大学生在自我情感体验方面敏感丰富，注重独立感、自尊心、自信心和好胜心；在学习活动中有强烈的求知欲、好奇心，热爱科学和真理，反对迷信和谬误；大学生对祖国、社会和集体有着深厚的情感，他们有强烈的民族自豪感和自尊感，有"天下兴亡，匹夫有责"的责任感、义务感，疾恶如仇，善恶分明，正义感鲜明；大学生对纯洁的友谊和爱情十分向往，还积极地在发现美、欣赏美、创造美的活动中体验到美的感受等。这些丰富的情感在表现形式上复杂多样，呈现出外显和闭锁、克制和冲动交错的特征。通常情况下，大学生对外部刺激的反应迅速、敏感，喜怒哀乐溢于言表，内心体验和外部表现是一致的，呈现出明显的外显性特点，例如，为比赛胜利欢呼雀跃，因考试失败而垂头丧气。然而，在一些特定场景和事件上，大学生的情绪外在表现和内心体验往往并不一致，有时会把内心真实的情绪和情感隐藏起来，显得冷淡、无所谓。如当大学生感受到不友好、不公正的对待和压制时；在得不到理解和尊重的场合中；在对立紧张的情况下，他们就会把心扉紧闭起来，不轻易表露自己的真情实感。有时，还会采用文饰、反向的办法来掩饰内心情感，就像伊索寓言中的狐狸

---

① 李雅，滕秋玲. 95后大学生心理健康现状及应对策略[J]. 西部素质教育，2018（13）：81-82.

那样，吃不到葡萄说葡萄酸，或说自己从来就不爱吃、也不想吃。这就是大学生情绪和情感的闭锁性的特点，它与情绪的外显性是交错共存的，只要有适当的场合和理解、关心的对象，大学生就会敞开心扉，表露真实情感。

从生理发展分段来看，大学生正处于多梦的年龄阶段，几乎人类所具有的各种情绪，都可在大学生身上体现出来，并且各类情绪的强度不一，例如，有悲哀、遗憾、失望、难过、悲伤、哀痛、绝望之分；从自我意识的发展来看，大学生表现出较多的自我体验，自我尊重的需要强烈，易产生自卑、自负等情绪体验；从社交方面来看，大学生的交际范围日益扩大，与同学、朋友及师长之间的交往更细腻、更复杂；在情绪体验的内容上，大学生的情绪呈现出相当丰富多彩的特征，以惧怕的情绪来说，大学生所怕的事物，主要与社会的、文化的、想象的、抽象复杂的事物和情势有关，诸如怕考试、怕陌生人、怕惩罚、怕寂寞等。

三、大学生情绪情感的层次性

大学阶段由于不同年级培养目标和培养重点不同，教育方式和课程设置有所区别，各个年级面临的问题不同，大学生的情绪特点也不同，呈现出阶段性和层次性特点。大学新生所面临的是环境、学习方法的改变，对新的交往对象熟悉、了解以及新的目标确立等问题。由于新生的自豪感和自卑感混杂、放松感和压力感并存、新鲜感和恋旧感交替，因此情绪波动大。大学二、三年级经过了一年级的适应过程，能够融于校园生活中，情绪较为稳定。毕业班学生面临毕业论文（毕业设计）及择业等多方面的重大问题，压力大情绪波动大，消极情绪多。另外，由于社会、家庭及自身要求、期望不同，能力、心理素质的差别，大学生也会体现着不同的情绪状态。

大学生情绪情感的层次性，最突出的表现是高级情感日趋成熟、稳定，并逐渐成为个性特征的一部分。随着认知水平的提高，知识经验的积累，大学生对自己的情绪已有了一定的控制能力，情绪趋于稳定。如在中学时期，情绪容易一触即发，而现在则有趋于迟发的趋势，如果被别人激怒，不一定立即作出情绪反应，而能使自己的情绪冷静下来再作出反应。这就是说，大学生已具备控制或压抑自己强烈情绪的能力。但是，与成年人相比，大学生的情绪仍带有明显的波动性，情绪起伏较大，时而激动时而平静，时而积极时而消极。如学习成绩优劣、身体健康状况好坏、入党入团问题、奖学金的多少、同学关系的好坏、恋爱的成败等，都会引起情绪波动。当遇到顺利的事情时，就显得格外兴致勃勃。在高校教育环境中，随着大学生知识经验的增多，能力的提高，他们的道德感、理智感和美感获得了高度的发展，日趋成熟、稳定，并逐渐成为个性特征的一部分。在道德感的发展上由于大学生的道德认识不断被提高，道德情感进一步被深化，符合社会准则和期望的道德感逐步形成。他们热爱祖国和人民，有高度的使命感和责任感；他们期望平等和谐的人际关系，憎恨不正之风；他们颂扬助人为乐、无私奉献的道德行为，鄙视损人利己的丑恶行为；他们珍惜集体荣誉，崇尚团结、正义。大学生在理智感方面的发展更为突出，他们的求知欲望、认识兴趣趋向深刻和稳定，对社会、自然和自身的探索已变成一种自觉的追求。研究结果表明，求知需要在大学生众多的需要中占据了首位。正是这种强烈的求知需要，为大学生理智感的高度发展提供了内在的基础。他们在学习新知识的过程中，经常会出现迫不及待的紧张感；会因理论观点争得面红耳赤，也会因对一道难题的冥思苦想而倍感学习中的甘苦喜忧；在科学实验和社会实践过程中表现出好奇心和惊讶感。在美感发展方面，大学生的审美观和审美情感日益深刻。他们对美有着敏锐的感受性，对美好事物不论是自然美、社会美、艺术美还是人格美均有着强烈的需要和执着的追求。因而他们喜爱在大自然的美景中陶冶崇高情操，渴望良好和谐的社会风气和人与人之间的真挚友情，并不断从品德、心灵、语言、行为等方面加强修养，以追求人格的完美。

第三节　大学生常见的不良情绪

情绪是人们对客观外界事物态度的体验及相应的行为反应，是人们的大脑对客观外界事物与主体需要之间关系的一种反应。它是以人的需要为中介的一种心理活动，当外界事物符合主体需要时，就会引起积极的情绪体验；反之，就会引起消极的、否定的情绪体验。大学生处在青春期的后期，情绪体验丰富、波动较大，很容易产生不良情绪，进而降低学习效率、生活质量，乃至身心健康。专家们普遍认为，大学生情绪健康有三个基本标准：情绪的目的明确、表达恰当；情绪的反应适时、适度；积极情绪多于消极情绪。情绪健康的大学生的行为表现应当是：能够保持正确的自我意识，具有一定程度的自知之明，接纳自我，包容自我；能够保持和谐的人际关系，乐于与老师和同学交往，有一定数量的朋友；能够及时正确地表达自己内心的真实感受；能够面对现实，具有对周围环境的适应能力；能够控制自己的情绪，保持稳定的心境，符合常规地表达自己的喜怒哀乐等情绪。

一、大学生不良情绪的表现

大学生个体的不健康情绪，也可以称之为"劣行情绪"，是一部分同学在大学生活中，遭遇到的一些不愉快甚至是痛苦的情绪体验，这种情绪就是我们常说的"负面情绪"。据《中国教育报》的报道，有关部门曾在全国范围内对 12.6 万名大学生进行抽样心理健康调查，结果显示，有 20.3% 的学生存在心理问题，[①] 主要表现为恐怖、焦虑、自卑、抑郁和强迫症等。现将大学生群体存在的负面情绪归纳为以下七个方面：

（一）焦虑

焦虑是人们在生活中预感到一些可怕的、可能造成危险的或者需要付出代价的事物将要来临，而又因对此无法采取有效措施加以预防和解决，而产生的紧张期待的情绪。通俗一点儿表达，焦虑就是当人们对一件事情情况不明，感到没有把握、无能为力，而产生的担心和紧张的情绪。其主要表现是，烦躁不安，注意力不集中，失眠等。焦虑的情绪对于大学生个体来说，会使他们缺乏自信，学习效率低下，注意力不集中，被莫名其妙的紧张感困扰。

（二）抑郁

抑郁是一种持续时间较长的、低落的、消沉的情绪体验，它常常会与苦闷、不满、烦恼、忧愁等情绪交织在一起表现出来。常见的症状是，情绪低落、心境

---

① 程贵林. 大学生不良情绪及自我调适［J］. 经济研究导刊，2012（2）：229–230.

悲哀、孤僻多疑，对生活的强烈无望感和无助感。大学生群体抑郁状态的产生，多半是由于长期的努力学习但总是达不到理想的效果，以及失恋、人际关系不协调等因素。在大学生中，被抑郁情绪困扰的学生具有一定的比例，如果得不到及时化解，会对正常的学习和生活造成一定程度的负面影响；严重的会患上抑郁症，沉湎于个人的世界里，不能自拔；有的会成为网络世界的奴隶。

（三）冷漠

冷漠是当今社会流行的一种不良情绪。在大学中，它的外在表现是大学生对学习没有热情，对老师和同学冷漠淡然，对班集体的活动没有任何兴趣，就是我们常说的"连玩都提不起兴趣"。这是较为典型的，对于外在环境中的挫折，进行自我退缩的心理反应。

（四）易怒

愤怒是当客观事物与人的主观愿望相悖时产生的强烈情绪反应，如容易发火、脾气暴躁等情绪状态。发火会对个体的身心产生伤害。医学的实验研究显示，人在发怒时会变得心跳加快、心律失常，严重时会发生心搏骤停，甚至猝死。发怒还会造成人理智水平的降低，思维阻塞，造成由于过激行为的出现而形成的物质损失和人际关系的损失。严重的会出现违法犯罪行为，造成严重的后果。在学习和生活中，有的同学遇到一点小事便发脾气，有的是无缘无故地发脾气，让身边的人觉得完全是莫名其妙。一些违法乱纪的行为一般也是在个别同学发怒失控的情形下发生的。

（五）压抑

部分大学生由于没有或者缺少表达和宣泄的渠道，不能完全表达内心的体验，因而产生压抑的情绪。

（六）嫉妒

嫉妒是由他人在某一些方面胜过自己而引起的不快甚至是痛苦的情绪体验，主要特征是把别人的优势当成自己的威胁，因而感到心理不平衡，甚至愤怒和恐惧，于是借助贬低和诽谤、报复等手段，来求得心理平衡的补偿，求得摆脱恐惧和愤怒的困扰。嫉妒，是大学生中几乎普遍存在的不良情绪，他人超越自己的一切优良表现，都会成为嫉妒情绪出现的温床。

（七）孤独

部分同学的自卑感来源于对自己的评价过低，自卑感的存在影响了学习的进步和同学之间的交往，有意无意地将自己变成孤家寡人。自卑感是由于某种原因产生的对自我认识的一种消极的情绪体验，表现为对自己的能力和品质评价过低，怀疑自己、看不起自己，担心失去他人尊重的心理状态。大学生自卑感的表现为出现害怕失败、遇事退缩、自我封闭等行为。也有的表现为不承认自己的不足并极力加以掩饰，力图用夸张自己行为的故作炫耀和自负表象，让他人察觉不到自己的自卑。

普遍存在的不良情绪对大学生群体健康成长的负面影响是显而易见的，不仅影响他们的生理健康，也影响他们的心理健康，造成生理和心理的双重损害。只有设法疏导负面情绪，培养积极的情绪，才能增强大学生活的幸福指数。

二、不良情绪的管理

对于情绪管理的研究，许多人饶有兴趣。有人认为，情绪管理是适应社会现实的活动过程；有人认为，情绪管理是一种服务于个人，有利于自身生存与发展的活动；也有人认为，情绪管理就是指一个人对自己情绪的自我认识、自我控制、自我区分等能力和对他人情绪认识与适应的反应能力。人们普遍接受的观点是，情绪管理是个体有意识地觉察、表达、控制自我情绪的行为，从而达到个体身心适应良好的状态。

（一）"愤怒"的化解

愤怒是一种不良的心理状态，人在发怒的时候，会排斥一切智慧和理性，产生十分愚蠢的过激行为，释放具有极端破坏性的负面能量，造成难以弥补的损失，在损害自身健康的同时，也会对他人造成精神或物质的伤害。愤怒是大学生常见的不良情绪之一，每一个同学都应当学会理性地对待愤怒，化解发怒。

1. 改变认知习惯

研究表明，理想化的认知方式习惯，是产生愤怒的根源之一。生活在大学校园里的同学们，如果不想被愤怒的情绪困扰，就应该改变理想化的认知方式习惯，多一点面对现实的理性思考和科学观察。在我们生活的社会，富裕与贫困共处，文明与野蛮随行；在我们学习的校园，高雅和庸俗结盟，崇高和卑鄙孪生。无论对世界的审视，还是对社会的观察，包括对自己身边的人和事，都应该具有辩证的思维和科学的审视，不宜一味地理想化认知。

2. 控制愤怒

愤怒的冲动是人们在受到外界的强烈刺激后，其言语和行为出现非理智化的一种心理状态。在学习和生活中，产生愤怒的情绪是正常的。据美国研究应激反应专家理查德·卡尔森的研究指出，人们80%的愤怒是自己造成的，必须靠自己加以控制，因为它是后天的反应。为了控制自己的愤怒情绪，避免其脱缰和失去约束，容易发怒的人发明了许多方法。林则徐在自己的房间里挂上写有"制怒"二字的条幅，随时提醒自己，当愤怒的情绪在大脑中翻腾时，保持清醒的理性主导。面对极个别同学的蛮横和多次无理的挑衅，面对个别老师无理的指责和大庭广众之下的令人难以忍受的挖苦和讽刺，肯定会怒火中烧，难以控制自己的情绪。但是，应当努力克制自己的愤怒，做到"定心""定气"，还可以通过运动等方式，进行必要的情绪疏导，避免愤怒的情绪变成发怒的现实。

3. 研究一下自己的"怒气"

对自己的愤怒进行研究是非常必要的。有的同学经常发怒，是由于自身性格的原因，有的是因为身体上的原因，甚至是某种疾病，致使发怒的情绪很难被控制。建议经常发怒的同学，记录自己每一次发怒的时间、地点、起因、事件的全过程，在自己冷静下来以后进行分析。在对记录的资料进行分析之后，肯定可以找出规律性。在探明自己发怒的原因之后，便可以有意识地进行调整，疏导自己的怒气。

（二）"焦虑"的化解

焦虑是指内心因感受到压力、冲突与矛盾而紧张，致使心情不能放松、不能平衡的一种非健康心理状态，外在表现为压抑、烦躁、不满、易怒、冲动、非理性等情绪。据专家们的调查，我国高校中有10%～40%的大学生存在着不同程度的心理不适，其中焦虑情绪是发生率较高的。[①]虽然社会的全面进步让社会成员的幸福感越来越高，但对于大学生群体而言，由于社会竞争的加剧，特别是就业等方面的压力增大，加之一些同学个人的原因，患焦虑的人数有所增加。尽管适度的焦虑对大学生的学习和生活具有一定的积极意义，但持续严重的焦虑却会导致机体免疫机能降低、内分泌调节紊乱，从而损害健康。被焦虑所困的大学生，轻者抑郁自闭、社会交际能力差，重者会自杀，应当引起我们的关注。

学习性焦虑和社交性焦虑是大学生焦虑的两个主要方面，其中又以社交性焦虑最为突出。社交性焦虑的排解，应当从日常的社交行为开始。

1. 不要经常发出抱怨之声

心理学家的实验证明，喜欢抱怨的人，情绪总是处在焦虑之中。在学习和生活中，没有一点儿抱怨的情绪产生是不可能的。聪明的同学能够运用自己的理性加以适当的调节，运用积极的情绪加以化解，不让抱怨的情绪成为主导。

2. 对同学和教师要有基本的信任

研究发现，经常怀疑别人的行为、态度背后动机的人，容易产生焦虑的情绪。只有对同学和教师具有基本的信任，才能消除人际关系的疑虑，使自己的情绪处于正常状态。

3. 不要企图取悦所有的人

企图取悦所有人是产生焦虑情绪的重要原因之一。生活的经验告诉我们，即使是具有高超社交能力的人，也不可能让所有的人都对他感兴趣。取悦所有人的企图是幼稚的，也是徒劳的，是跟自己过不去。在取悦他人的过程中，将痛苦留给自己。一个人被另一个人或者一群人反感，乃至讨厌，都是正常的现象。完全没有必要过于在意，只要自己不讨厌自己就足够了。"我没有必要取悦所有的人，就像所有的人没有必要取悦我一样。"完全可以将此作为与人相处的原则。

4. 对人、对事要有自己的主见

对常感焦虑的同学进行观察，发现他们往往对人、对事缺乏主见。常见的情

[①] 刘旭辉. 大学生焦虑心理的成因及其应对措施[J]. 科技信息，2010（35）：2.

况是,他们往往觉得他人的观点都有一定的道理,就是没有属于自己的观点。由于缺乏主见,他们显得十分善于"学习"与"模仿",被他人的观点和行为牵引。

5. 不要当生活的旁观者

现代领导科学的理论认为,每一个团体中都有四种人。第一种是领导者,在团体中发挥引领和导向作用。第二种是支持者,是团体事业发展的骨干力量。第三种是反对者,在团体的事业进展中,发挥负面的影响和作用。第四种是旁观者,在团体的各项事业中,不发挥任何作用。有意无意地将自己从群体中游离出来的旁观者,以"看客"的眼光,看待自己的团体,拒绝参加集体活动,带给自己的往往并不是快乐的体验,而是被冷落的"不爽"。

(三)"孤独"的化解

孤独是一种与大量不幸认知、社交能力不足、人际关系的无效,以及由此产生的不满和焦虑有关的情绪状态。我国学者朱智贤对孤独的定义是:人处在某种陌生、封闭或特殊的环境中产生的一种孤单、寂寞、不愉快的情感。孤独是普遍存在的情绪体验,已成为现代人的通病。

1. 大学生孤独感的现状

研究表明,孤独感在当代大学生中普遍存在。有八成大学生经常或偶然感到孤独。心理学家阿尔波特的研究成果表明,健康的人格具有六大特点,其中第一个特点就是具有自我延伸的能力。健康人格使人具有十分广阔的活动空间,有许多朋友和爱好,并且在政治、社会或宗教方面也颇为积极。孤独者则恰恰相反,他们均不愿意参加交际活动,朋友也很少,并且爱好不广泛。孤独者对他人来说,不具有人际的吸引力。因为人们往往愿意与那些真诚、友善、富于同情心的人交朋友。调查显示,在校大学生受人际关系轻度困扰者占38.51%,严重人际关系困扰者占15.06%。调查发现,25.4%的学生经常感到寂寞和孤独,13.6%的人与同宿舍的同学的关系处理不好。40.5%的学生认为,最好与同学之间保持一定的距离。[①]孤独感产生的原因是非常复杂的。有专家将其大致归为五类:早期依恋方式、

[①] 吴磊,刘建荣. 地方高校大学生人际交往状况的调查研究[J]. 江西理工大学学报,2006(5): 60-62.

人格因素、个体消极的认知和应对、社交技巧的缺乏、社会性忽视。有的学者认为，人格特质、应对方式、社会支持、自我评价、归因方式等对孤独感的产生也有影响。由于大学生个性的差异，孤独感的外在表现不同，产生的原因也不尽相同，诸如不健康的人格状态、不正确的自我指向、不合理的自我评价、错误的归因方式等因素，都有可能对孤独感的形成产生影响，还包括家庭的教养方式。尽管一定程度的孤独感具有一定的积极意义，但超越一定限度的孤独感便会诱发心理疾病，影响大学生个体的发展，应当学会积极应对、摆脱孤独。

2. 大学生孤独感的化解

学校应当为学生营造良好的学习环境，为学生提供有力的社会支持，因为大学生学习和生活的环境是学校。在孤独的应对方面，学校具有重要的影响，应当构建和谐的校园人际环境，营造积极向上的宿舍文化。家长应当充分考虑子女的心理发展特点，营造和谐、民主的家庭氛围，平等地与子女进行交流，倾听他们的想法，理解他们的想法，做子女坚强的心理后盾。大学生个体应当加强人际交往，建立和完善和谐的社会支持系统，融入大学生活，与同学和老师建立起和谐的交往平台，减少诱发孤独的外部条件。

（1）"自我表露"的概念

自我表露的概念是由人本主义心理学家朱拉德在1958年首先提出的。他认为，自我表露就是个体让他人了解到自己的真实感受和想法。后来的学者重新界定了这一概念，认为自我表露是指个体表达和展现自我，以使他人能够认识自己的行为。我国学者将自我表露的定义表述为：个体自愿地将自己的真实想法、情感、经历等信息以言语的形式传达给他人的行为。由此定义出发可以看出，自我表露具有三个方面的特点：自愿性、真实性、私密性。在社会传播方式日益现代化的今天，自我表露的方式已经变得复杂和多样，包括电话、短信、腾讯QQ、微信等方式。

自我表露对个体具有重要的价值。它有利于加深个体对自我的了解，有利于个体的身体健康。弗洛伊德早就发现，当人们努力回避了解自己时，他们就会生病。因为人们通过向别人表露自我而逐渐了解自己后，才能变得健康或保持健康的状态，不良的情绪也同时得到了宣泄。自我表露也有利于个体的心理健康，研究表明，它与心理健康呈正相关，是健康人格的重要标志，也是形成健康人格的重要途径。自我表露可以显著降低焦虑、孤独、抑郁等负面情绪。自我表露还是表达和衡量人与人之间亲密关系的重要指标，个体的自我表露水平对特定的人际关系，如友谊关系、爱情关系等都具有显著的影响。大学生个体对父母表露的关于学习、生活、交友方面的情况越多，表明与父母的关系越亲密、越融洽。与朋友的表露程度越高，说明其友谊越深。自我表露与爱情关系的质量同样具有积极联系，与爱情的满意度紧密相连。

互惠性是表露的重要特征。自我表露在人际交往中的作用，主要是通过互惠性实现的。自我表露的互惠性特征的具体表现是，一方愿意敞开心扉，进行深层次的自我表露时，另一方也有可能进行坦荡直言的表露。如果一方是"逢人只说三分话，未可全抛一片心"，那么，对方也一定是浅层次地表露。自我表露在发展、保持和深化人际关系方面具有重要作用。学会自我表露是解除孤独情绪困扰的有效途径。

（2）以"自我表露"理论为指导，摆脱孤独感的困扰

每天早上起床时，向离自己最近的同学打个招呼，只要一句话"早上好！"，这是行动的第一步。排队就餐时回过头来与后面的同学聊聊天儿，只需两三句，这是第二步。有同学主动向你讲述快乐与不快乐的事，请带着关切的目光，认真倾听，适当的时候随声附和几句。这就表示你在分担他的痛苦或在和他共享快乐，走出了摆脱孤独的第三步。在此基础上，通过深层次的自我表露，交到一两个好朋友，进一步融入大学的群体生活。

大学生是生活在大学校园里的一个重要群体，这个群体与教师群体共同构成大学的人际环境。每位同学都在大学生群体中生活，并且通过与老师和同学的交往确认自我，发现自我，提高自身的能力。大学的群体生活，为培养同学们的社会交往能力提供了条件。在大学生活的正式群体中，班级群体是最基本、最重要的群体。班集体的生活可以增强每一位同学的力量感和自信感。在班级中，同学们通过面对面地交换意见、组织一些小型的活动、共同完成某些任务、为了共同的目标去进行一些行动等方式，增进同学之间的友谊，强化个体的自信心。由于有了班级的支持，有了同学做自己的后盾，个人的自信心便增强了，心理

力量也增强了。班集体的生活还可以使大学生获得安全感和归属感。本班同学之间通过经常性地联系，加深了互相之间的了解和友谊，就从某种意义上避免了或减弱了单个人容易萌生的孤独感和空虚感，使个体在群体中获得被爱护和关心的心理需求得到满足，心理上的安全感也油然而生了。班集体的生活还可以促进大学生的社会化。因为班集体为每个学生都提供了社会化的机会，既激发了同学的社会责任感，又培养了工作能力，还学到了为人处世的一些方法以及如何改变自己的不足。大学的班集体，最终带给每一位同学的是独特而成熟的个性，成为具有适应社会基本能力的合格的社会成员。除了正式群体，大学校园还有一些非正式群体。正式群体和非正式群体的活动都有助于孤独者重塑自我。

　　树立远大的学习和生活目标，并且将自己的目标在一定范围内公布，也是远离孤独感的有效方法。人的行为乃至全部人生活动，从根本上说是受世界观、人生观、价值观的制约和调节的。大学生拥有正确的人生观和科学的人生追求后，那么在日常的大学生活中就会显得有热情、有激情，显示出奋发向上的精神，就会有使不完的劲，就不会有孤独感。如果对人生的看法不正确、不科学，缺乏生活的信心和远大目标，就容易沉湎于个人眼前的一些不顺心的小事，精神萎靡，形成孤独的个性或者是喜怒无常的个性，不仅很难实现自我的完善，也不会在群体中找到自己应有的位置。许多专家都注意到，在目前的大学生群体中有一部分"孤独者"，他们有意无意地将自己游离于群体之外，排斥群体、脱离群体，以"孤独者"的身份靠自己的力量发展。他们中的一些同学奉行"人们的历史始终是他们个体的历史"的人生信条，崇尚"每个人的自由发展是一切人的自由发展的条件"的观点，没有认识到群体生活对个体成长的重要性和不可缺少性，把群体视为个体成长的对立面。这种不正确的人生观有可能是造成部分同学成为孤独者的根本原因。个人与集体的关系、个人与社会的关系的基本原理，每一位同学都非常清楚。但不要因为十分清楚这些理论而忽视了它在人生实践中的功效。

（四）"嫉妒"的克服

　　嫉妒是一种恶劣的情绪。嫉妒心理是一种常见的心理现象。研究显示，几乎每个人身上或多或少都有一些嫉妒心理存在。从某种意义上说，嫉妒心理是上进心的变态反应。嫉妒心理必须被控制在一定范围内，不能任其泛滥。如果任其发酵，就会演化成一种比仇恨还恶劣的情绪，严重影响自身的学习、生活和健康。年轻人可以有自尊心和上进心，但千万不要有嫉妒心，更不可形成嫉妒别人的心理习惯，应当学会在日常的生活中拥有分享他人成功和快乐的心态优势，最终让他人分享自己成功的喜悦。嫉妒心是形成良好人际关系的大敌。嫉妒心强的人，往往虚荣心也很强，很难容忍别人超过自己，他们在日常的生活和工作中，总对自己近距离的同事、领导或同学心怀不满，有时甚至不择手段地败坏他们的声誉，诋毁他人的成就，甚至是损害他人的人格，为他人的继续发展设置种种障碍。这样做的最终结果是人际关系极度恶化，不仅严重阻碍了自身的进步，也干扰了他人的正常发展。嫉妒在很大程度上来源于个体自身对信心和能力的担忧。具有强烈的自信心和较强能力的人，一般不会担心别人超过自己，因而也不嫉妒他人的成功，还会对同学和同事的成就感到敬佩和兴奋，发出由衷的赞叹和祝福。对自身的能力和水平没有信心的人，因为担心别人的成就会使自己变得渺小，而自己又不具备同他人竞争的条件，因而只有"嫉而妒之"。克服和限制嫉妒心理，可以从以下两个方面考虑：

1. 占领心理的高地

养成以优秀者和胜利者的心态看待人和事的习惯，即使自己的学习和生活并不那么优秀。大学四年，应当看重自身的学习能力和做人修养的提升，不要过多追求考试成绩的排名和奖学金的多少。在学校里所取得的成绩，与走向社会以后的发展和成功没有多少必然的联系。这给同学们的启示是：人生真正的精彩，不只在大学校园，也可以在走出校门之后。

2. 增进与同学的了解

心理专家的研究表明：具有嫉妒心的同学，往往过于关注他人的优点，而忽视自己的优点。他们往往有意无意地放大了他人在某些方面的长处，而缩小了自己在某些方面的长处。以自己的缺点去与其他人的优点相比，当然觉得心里酸溜溜的。在与同学的相处中，我们发现，有些同学的嫉妒心理，可能完全是由误会造成的。当他嫉妒某一位同学在某些方面的长处的时候，他所嫉妒的对象也正在嫉妒他。这是一种非常有趣的现象。如果两个人能够互相沟通，甚至敞开心扉，完全有可能成为一对非常要好的朋友，在学习和生活中互相促进、共同进步。有人曾经做过一个实验：让一个小组的 12 位同学，一个月开展一次"说一说其他 11 位同学优点"的活动。同学们轮流发表赞美其他同学优点的讲话，其他的同学进行补充和评判。一个学期以后，每一个同学的优点都得到了群体的赞同。这个小组的同学，由于彼此之间非常了解，关系非常融洽，没有了嫉妒和猜疑，交往频繁，共同生活得非常愉快。

（五）自我情绪管理的方法

1. 心理暗示法

心理暗示对人的情绪具有很大的影响，有时候能够影响到人的认识能力和判断能力。心理暗示包括积极的心理暗示和消极的心理暗示两种类型。积极的心理暗示带来的是正面的积极情绪，消极的心理暗示带来的是负面的消极情绪。应当学会积极的心理暗示，避免消极的心理暗示。对于常常遭受不良情绪困扰的人们来说，应当更加注重积极的心理暗示，培养乐观自信的积极情绪。有心理学专家建议，人们每天早上一睁眼，就默念三句话："我很幸福！我很健康！我能成功！"这就是典型的心理暗示法。自己在一天刚开始的时候，就向自己发出了三条重要的信息，使自己的情绪处于幸福、健康、成功的状态，以积极的情绪，迎接一天的学习、工作和生活。在我国古代，人们常将对人的情绪有调节作用的经典语言，写成对联或者条幅，挂在自己的书房里，营造积极的情绪领域。"宠辱不惊"，提醒自己不要因为受到重用而沾沾自喜，也不要因为官场失意而郁郁寡欢，以理性的认知对待仕途的升迁和沉浮。"淡泊名利"，提示人们不要太多计较品级的高低、薪水的多少，名利乃身外之物，完全应当看淡一点。"不以物喜，不以己悲"是人间正道。

2. 注意转移法

注意转移法，就是把注意力从消极的情绪领域转移到积极的情绪领域。这是消除不良情绪的基本方法之一。当自己被不良情绪长期困扰且久久无法摆脱时，可以通过目标的转移，寻找到一个新颖的刺激点和兴奋点，以抵消和冲淡原来的兴奋点，消除原来的不良感受。可以尝试着参加一些活动，诸如周末名师的学术讲座、班级之间的歌唱比赛、年级之间的拔河等。慢跑到几公里以外的郊区，呼吸一下新鲜空气和田园风光会觉得心旷神怡，忧愁与烦恼被忘得一干二净。如果叫上二三个知心朋友同乐，更是惬意非常。还可以去足球赛场凑个热闹，当个拍拍手的观众。

3. 合理情绪疗法

合理宣泄法也被称为认知疗法。心理学家艾利斯认为，人的情绪和行为障碍不是由某一激发事件引起的，而是由经历这一事件的个体对事件不正确的评价和认知引起了信念，最后在特定情境下的情绪和行为结果。艾利斯告诫人们，要认识自己常有的不良情绪，并且善于发现自己这些不良的认知方式。培养一种好的自省习惯，不良情绪就会有所减少。同学们应当认识到，不良情绪不是来源于外界，而是由于自己的非理性信念。不良情绪之所以得不到缓解，是因为仍然保持过去的非理性信念。只有改变自己的非理性信念，才有可能消除不良情绪带来的困扰。

4. 适度宣泄法

长期阻塞的情绪如果得不到疏通是会造成情感崩溃的。不良情绪必须及时被释放出来，以减少淤积和沉淀。常见的发泄方法有"哭、笑、喊、说、听、写、动"等。找个没人的地方大哭一场，让泪水冲洗掉内心的伤痛；大笑三声，用笑声送走失败，增强继续努力的信心；放开喉咙，高歌一曲；用一段高昂嘹亮的大喊，开阔心胸，排解烦闷。有些同学在心情不佳时会在洗澡间里一边洗澡，一边大喊大叫。在不影响其他同学学习和休息的前提下，这样做不失为一种好办法。一些同学戏称他们为"洗澡歌星"。"歌星们"则告诉同学："你们不妨也来唱两句，很是痛快！"在运动场上的狂奔，带来的不仅是身体上的大汗淋漓，也是情绪上的酣畅淋漓。在情绪不佳时，找人聊聊天，也是个好办法，直抒胸臆地说出来、一吐为快，说完之后会觉得轻松了许多。

需要提醒的是，一个正在接受高等教育的人，在受到不良情绪困扰的时候，应采取文明和科学的方法加以疏导和化解，不能深陷原始的野蛮状态不能自拔和采取愚昧的暴力手段化解。

第四节　大学生健康情绪的培养

健康情绪的拥有，既有先天的因素的促成，也有后天的修炼和养成。无论先天的因素如何，后天的养成都是必不可少的。

一、积极心态的养育

心态作为人的内心世界，主要由三个组成部分：态度、激情和信念。态度是心态的基础、特定对象的情感判断和价值取向，是人们比较稳定的一套思想方法、目的和主张。它一旦形成就很不容易改变。态度、知识、技巧是影响人们行为活动的三个重要因素。其中态度扮演着带动的角色，是决定人生成败的主要因素之一。一个人如果拥有积极的态度，勇于进行积极的自我挑战和自我超越，便有可能成为卓越高效的人才。激情是态度处于爆发状态的表现。激情是生命的动力，人的行动就是靠激情推动的。没有激情的人，就会滋生惰性。有的学者甚至认为，激情是成功者共有的心理特征。信念是心态的最高层次，激情一旦升华为信念，短暂的激情就会被转化为持久的理性行为。哲学家黑格尔说过："理性和激情交织成世界历史的经纬线。"当激情进入了信念的境界，"情"就上升到了"理"的高度。信念本身具有很强的理性成分，人们有了信念才会有大无畏的献身精神和执行行为。

积极的心态的概念是成功学大师拿破仑·希尔提出的。简而言之，正确的心态，就是由"正面"特征组成的心态，其中包括信心、诚实、希望、乐观、勇气、进取、慷慨、容忍、机制、诚恳与丰富的常识等内容。拿破仑·希尔通过对500名伟大成功者的观察与研究，发现了一个秘密：每一个人的心灵都有一个法宝，它像硬币一样具有两面性，正面写着积极心态，反面写着消极心态。这个法宝的力量令人吃惊。积极心态让人积极进取，创造成功；消极心态让人绝望，永远没有改变命运的机会。他的结论是："成功人士的首要标志，在于他的心态。"积极的心态可以引导人们品尝成功的喜悦，而消极的心态会摧毁人们的信心和希望。大学生个体积极心态的获得，应当思考以下元素：

（一）培育自信心

自信心是积极心态的基础。自信是相信自己有能力实现一定愿望的心理状态。自信是人们成功的内在心理要素之一。正如科学家爱因斯坦所言："在我的一生中，只是由于一种信心，才能在我研究遭遇重大困难时，没有感到灰心。"[1] 屠格涅夫在阐述自信的重要性时说："先相信自己，别人才能相信你。"[2]

自信心来源于切实可行的人生目标：大学生个体应当有符合自己实际的学习和生活目标体系，并且有实现目标的详细计划和具体措施，以增强大学生活的目的性、计划性以及针对性。列夫·托尔斯泰不仅是文坛巨匠，还是善于对自己进行目标管理的专家。在他的目标体系中，既有一辈子的大目标，也有一段时间的分目标和一个阶段的具体目标，还有一年的目标，一个月的目标，一个星期的目标，一天的目标，甚至包括一小时的目标，一分钟的目标。详细的人生目标，使列夫·托尔斯泰一生始终充满信心地写作。可以失败，但不可以失去信心。优秀的大学生也会经历形形色色的失败的考验。人们可以失败，但不应当因为失败而影响已经树立起来的信心。应当从失败中悟出成功的道理，充满信心地走向成功。

（二）培育进取心

进取心这种内心的推动力量是人们生命中最神奇和最有趣的元素。进取心是一种成功者的积极心态。美国成功学大师拿破仑·希尔认为，进取心是一种极为难得的美德，它能驱使人们在不被吩咐应该做什么之前，就能主动地去做应该做的事情。他在研究了美国最为成功的 500 个人的案例之后发现，他们具有的共同元素是"进取心"。大学的管理者们为同学们设计了许许多多的竞争舞台，就是为了激励和顺应同学们的上进心和进取心。因此，同学们应当积极参与这些竞争活动，在竞争中不断地实现自我的超越，形成"坚持到底，永不放弃"的性格和"胜不骄、败不馁"的心态。现代科学的研究表明，一个人独自工作的效率，远不如旁边还有一些人一起干的效率高。这种现象被心理学家们称为"社会促进作用"。生活的经验也告诉我们，与他人竞争是提高生活积极性的主要手段。如果

---

[1] 许良英，阎鹤. 爱因斯坦：我的信仰 [J]. 商周刊，2004（48）：51.
[2] 楚欣. 屠格涅夫的两篇散文诗 [J]. 炎黄纵横，2015（6）：42-44.

有意识地躲避大学校园的各种竞争,那就在一定程度上失去了上大学的意义。

(三)培育平常心

保持一颗平常心,可以获得良好的自我感觉,有助于积极心态的持续发酵;不与人比高低,一般意义上的比较是比出高低上下、优劣异同,为了获得良好的自我感觉,我们不妨以自己的优与他人的劣相比,其结果是绝对取胜;迅速忘却不快,对发生的不愉快,立即忘却,哪怕是由自己引发的不快,也迅速抛到九霄云外去;反复咀嚼自己的"成功",建议同学们在电脑中建立一个文件夹,将自己以往所取得的辉煌成绩,进行归纳和整理,经常阅读,还可以经常找一些欣赏自己的同学和老师聊天,聆听他们的鼓励和赞许,这种感觉是不错的。

二、保持快乐的感觉

美国哈佛大学的心理学家在研究"快乐与犯罪行为的相互关系"时,得出的结论是:"快乐的人永不邪恶"。调查显示,当代大学生群体中的大多数人在绝大多数时间段,都拥有快乐的感觉。但也有部分同学的快乐指数相对较低。一些学生,由于经济上的拮据而产生的压力,使他们的心情陷入"郁闷"。一些学习基础比较差的学生,面对林林总总的过级考试以及各种奖项的成绩要求,不可能不产生一定的心理压力。大学生对就业的焦虑普遍存在,应该以积极的态度面对大学生活,充满希望地放眼未来,主动为自己减压,成为轻松快乐的人。

(一)助人为乐

研究和实验都表明,自私的人不大容易获得快乐。因为自私心理往往带来沉重的思想负担,更因为他们没有作出无私地帮助他人的举动,所以不可能在帮助他人的过程中得到愉快的体验。相反,不自私则是走向快乐的大门。常言道:"赠人玫瑰,手留余香。"这是许多人在帮助别人得到了快乐的体验之后的感受。相当一部分人赞同"助人"是获得快乐的最好方法的观点。中华民族历来推崇"助人为乐"的美德,并将其作为优秀伦理传统加以倡导,因此,代表中华民族未来的大学生,应当让这一美好传统在自己身上得到延续。

（二）知足常乐

激励原理认为，任何成功都来源于正确的目标引导。只有存在目标，才能聚焦人的智慧和精神，进行坚持不懈的努力和奋斗，才有可能形成聚合力、约束力、意志力和激情，进行不断的创造和自我超越。美国哈佛大学曾经对一届大学毕业生的目标设定状况做过调查，结果是：有27%的学生没有目标，60%的人目标模糊，只有3%的人有长远的目标。25年以后的跟踪调查结果显示：3%的人25年间朝着一个方向不懈努力，几乎都成了社会各界的成功人士；10%的人短期目标不断地得以实现，成为各个领域的专业人才，大多生活在社会的中上层；剩下87%没有生活目标的人，只关心眼前的一点利益，过得很不如意，整天怨天尤人。[1] 目标对人们来说的确意义重大，但目标的设定应当符合自身的实际。美国心理学家弗龙在他的《工作与激励》一书中，提出了期望理论。核心观点是：一个人被激发出的力量，除了与他所追求的目标价值的大小相关以外，还和达到目标的可能性有关。他认为激励的力量来源于两个方面：一是目标价值的大小，二是实现目标可能性的大小。快乐的生活，来源于切实可行的学习和生活目标的设计与实施，来源于不苛求自己成为完美的人，来源于去理想化和去超现实化的自我提升。

同学们应当立足于做一名普通劳动者。在高等教育由精英教育转向大众教育以后，大学生中的大多数人，将来要成为普通的劳动者，成为靠自己的双手，养活自己、养活孩子、奉养老人的普通人。有的人需要凭借勤奋的劳作，获得生存所必需的生活资料。应当充分认识到一个事实，那就是真正成为社会精英的，只是一小部分人，绝大多数人与此无缘。同学们还应当学会由"普通"走向"杰出"，大学时代要立足于做一个普通的学生。这样的心理定位，会带给我们快乐轻松的大学生活。但是，这并不意味着不需要发奋读书，单纯追求卓越。无数事实反复验证一个普通的道理：知足者常乐。

（三）学会找乐

幽默是一种人生的智慧，也是一种人生的态度。具有幽默感的人，往往是

---

[1] 李静林. 目标的威力 [J]. 师资建设, 2010 (6): 48.

智慧的人，也是快乐的人。同学们在课余时间的交流中"幽"上高雅的一"默"，不仅可以娱乐自己，还可以娱乐他人，也有助于启发智慧。同学间的幽默，可以增强彼此之间心灵和情感的沟通，在愉快的笑声中激发出思想的智慧。幽默是人们美丽心灵的充分显露，为人们提供心灵的营养。大学四年，应当养成快乐的习惯。林肯曾经说过："人只要心里决定快乐，大多数都能如愿以偿。"一位年轻的大学教师对学生说："大学教师的人生是快乐的，原因有二：其一是思想自由，可以在自己的专业领域自由挥洒自己的思想和智慧；其二是时间自由，只要完成了教学和科研工作量，就可以自由地安排自己的生活，不再受更多的约束。思想和时间的双重自由，带给了我莫大的快乐。"这位年轻教师的快乐哲学带给我们的启示是，人们完全可以从自己生活和工作环境中，找到快乐，进而成为快乐的人。大学生的快乐是，拥有自由自在的精神世界以及支配精神世界的自由和权利。

第七章　大学生挫折心理的自我管理

大学是令人神往的知识殿堂。大学生通过自己的努力与奋斗，终于跻身其中。然而，在现实错综复杂的生活中，大学生有目的的活动受到各种因素的制约，这些因素可能阻碍大学生目标的实现，影响他们需求的满足，引发大学生的挫折。挫折已是在大学中许多同学所面临的问题，如得不到正确的引导和教育，极易产生严重的心理问题，因此对大学生进行抗挫折能力的教育意义重大。

第一节　大学生挫折心理产生的原因

人们在日常生活和工作中，并非总是一帆风顺。在人的需要与动机推动下产生的行为，为了达到某种目标，常常要遇到各种各样的障碍，因而遭遇挫折在所难免。大学生在学习与生活中，同样不可避免地会遭遇各种各样的挫折。

一、大学生挫折心理产生的一般条件

在个人实现目标的过程中，动机性行为会有不同的结果：一是无须特别努力即可达到目标，需要很容易得到满足；二是遇到干扰和障碍，但经过努力或采取某种方法仍可达到目标；三是遇到了干扰和障碍导致目标不能被达到，需要不能被满足，因而产生种种不安、焦虑情绪。在心理学上，把个人遇到的上面的第三种情况称为挫折。

挫折产生应具备下列五个条件：第一，有行动动机和明确的行动目标。例如，大学生为取得奖学金，争取各门功课的好成绩，或者刻苦学习，争取考上研究生。第二，有满足动机和达到目标的手段或行动。例如，大学生通过刻苦学习，排除其他干扰和影响，争取达到优良成绩。第三，有挫折的情境发生。如果动机和目

标能顺利获得满足或实现，就无所谓挫折。如果在实际生活中，虽然在实现目标过程中受到阻碍，但通过改变行为，绕过阻碍达到目标，或阻碍虽不能被克服但能及时改变目标与行动方向，也不会产生挫折情况。只有在实现目标的道路上遇到阻碍而又不能克服与超越时，才构成挫折情境。例如，某大学生要求自己必须考上研究生，但未考上，这样就形成了他的挫折情境。如果这个大学生仅把考研究生作为一种尝试，即使没有考上，也不构成挫折情境。第四，在人们实现目标的行为受到阻碍时产生挫折，行为主体必须对此有知觉。如果客观阻碍存在，但人们主观上并无知觉，就不会构成挫折情境。第五，人们必须有对挫折的知觉与体验而产生的紧张状态和情绪反应。具体来说，行为主体在受挫后往往有焦虑、失眠、恐惧、愤怒、自卑、自疑、往坏处想，甚至有"快要发疯"等消极的紧张情绪体验。

二、大学生挫折心理产生的客观因素

由于社会生活是复杂的，因此引起大学生挫折心理的原因也呈现复杂情况，一般从客观因素和主观因素两方面分析把握。在引起大学生挫折心理的众多因素中，有相当多是由于客观外界因素的阻碍，使大学生不能达到目标。这些引起大学生挫折心理的客观因素，包括自然环境因素和社会环境因素两个方面。

自然界的一切事物，都按照自己的固有规律发展着。一方面，人们不可能穷尽对自然界所有事物的认识；另一方面，即使认识了也不能绝对地征服自然。因此作为每一个在自然环境中生存发展的人，必然会遇到由自然因素所引起的种种挫折。例如，自然灾害（台风、地震、酷热、洪水）以及由于自然因素影响而引起的疾病、事故等，这些都是人们无法克服的客观的因素。对于生活在社会中的大学生而言，自然环境因素也有可能是引起他们挫折心理的因素。

大学生生活在社会之中，社会的政治、经济、道德、宗教，甚至风俗习惯等，都可能是引起大学生挫折心理的因素。此外，在大学生生活的校园内的种种因素，也可能是导致大学生挫折心理的直接原因。例如，有的大学生就读的大学不尽如人意，有的大学生学习生活与理想中的相差甚远，都可能产生挫折感。

三、大学生挫折心理产生的主观因素

在引起大学生挫折心理的因素中，有些是由大学生自身的能力与认识等方面因素引起的。首先，是个体条件因素，包括个体体力、智力条件或性格、能力、思想等心理特点因素引起的心理挫折。主要有两个方面：一是因受个体条件差异制约和限制不能达到目标。例如，大学学习无论在内容的深度，还是知识的范围，都是高中不能相比的，一些大学生由于智力条件或学习方法因素影响，不能较好完成学习任务而引起挫折心理。第二，可能因个体条件卓越的影响而给大学生个体带来挫折感。人们常说"树大招风""枪打出头鸟"，古人云"木秀于林，风必摧之"，都是说的这个道理。

其次，在引起大学生挫折心理的因素中，有些是由大学生认识能力或思维方法引起的。由于大学生是社会中值得骄傲的青年团体，但缺乏社会经验，心理发展不完全成熟，因而在学习生活、社会活动中可能出现思想不符合实际，好高骛远，从而达不到目标导致的挫折。一位大学生一入学就给自己提出了很高的要求：拿特等奖学金，评三好学生。对于这位大学生积极向上的精神，当然应当鼓励。然而事实是，可能这位大学生并不充分了解进入该大学的学生的整体水平，也不十分了解奖学金、三好学生评比的有关规定和要求，主观盲目地给自己制定了过高的目标，其结果当然是实现不了。而失败的结果对这位大学生来说无疑是一次不大不小的挫折。

最后，相关研究发现，在引发大学生心理挫折的因素中，动机冲突因素引发挫折心理感受的概率最高。个体在有目的的活动中，常常因一个或数个目标而产生两个或两个以上的动机。如果这些同时并存的动机不能同时获得满足，并且在性质上又出现相互排斥的情况时就会产生动机冲突的心理现象。对于大学生而言，丰富多彩的大学生活以及改革开放的社会背景，为大学生的全面发展提供了有利的条件和广阔的天地，同时也给大学生带来了选择的冲突。这些动机冲突引起了大学生遭遇种种挫折的状况。

第二节　大学生遇到挫折时的消极反应

一、攻击与反向

英文 agression（攻击、攻击性）最根本的含义是朝某个方向运动。这是一个起源于拉丁语的简单词，蕴含着能量与方向。人们在受挫以后，在非理智情况下把"高能量"的愤怒情绪指向造成其挫折的对象——人或者事物，表现为对他人讥讽、谩骂、殴打，甚至加以杀害，以及损害物品等情况。根据受挫者攻击对象的方式，大体分为直接攻击和转向攻击。直接攻击行为是指受挫者在受挫以后，把愤怒的情绪发泄到直接使之受挫的人或物上，由于缺乏理智，往往不考虑后果，因此可能造成极为严重的后果。转向攻击行为是指受挫者在受挫以后，愤怒情绪十分强烈，由于种种原因不能攻击使之受挫的对象，于是把愤怒的情绪指向自己，或者指向与其挫折情境无关的对象（或称之为"替罪羊"）。转向攻击行为造成的后果同样是严重的。

大学生的直接攻击行为与转向攻击行为在高校都是存在的，受挫的大学生通过攻击行为虽然可以暂时发泄心中的愤怒与不快，但并不能消除原有的挫折感，还可能会引起新的挫折，同时危害他人与社会，尤其要引起人们的注意。

一般来说，个人的行为方向和他的动机方向是一致的，即动机发动行为促使行为向满足动机的方向进行，但是在遭受挫折后，一些人的内在动机不能为社会所容，由于他不敢正面表露自己的真实动机，于是便从相反的方向去表示出来。这种把自己一些不符合社会规范、不被允许的愿望和行为，以一种截然相反的态度或行为表现出来，以掩盖自己的本意，避免或减轻心理压力的行为反应，被称为反向行为。例如，一些内心自卑感很强的大学生，往往在同学中以自高自大、夸夸其谈等自我炫耀方式掩盖自己内心的自卑和孤独。反向行为由于与动机相互矛盾，因而表现得过分夸张、做作。它虽然可以在一定程度上掩饰个体的真实动机，但是，掩饰包含着压抑，长期运用会从根本上扭曲自我意识，使动机与行为脱节，造成心理失常。

二、固执与倒退

有些大学生在遭受挫折后，往往不分析失败的原因，反而盲目地重复着导致其挫折的无效行为，这就是固执的行为反应。其特点是行为呆板且无弹性，并具有强制性。它可以表现个体和群体的固执行为反应。例如，大学生因违反学校有关纪律而受到比较严厉的批评后，往往不见其改过和收敛，反而反复出现类似的违反纪律的不良行为。如果该大学生是某一个非正式群体的成员，就可能出现该非正式群体成员一起重复违反校纪、校规行为的现象，表现出群体的固执行为反应。对于大学生固执行为，一方面要加以重视，因为它直接影响大学生个人的健康成长，也影响学校正常活动的开展；另一方面，准确把握大学生固执行为反应，它不同于习惯，因为如果习惯性的行为不能满足需要，人们会努力去改变，而固执不仅不会改变，反而会愈演愈烈。

倒退是固执的另一种表现。倒退的行为反应是指受挫者在遭到挫折以后，表现出与自己的年龄不相称的反常行为。当人们受到挫折以后，如果以成熟的成人行为方式面对挫折，就会产生心理上的焦虑、不安。受挫者为了避免上述情况，往往放弃已经习得的成熟的成人正常行为方式，而恢复使用早期幼儿幼稚的方式加以"应对"，从而减轻内心的心理压力。倒退的行为反应在高校中只要细心观察，还是很容易发现的。

三、逃避与轻生

逃避是大学生受挫和预感受挫时表现出来的一种消极行为反应。在现实生活中大学生受挫或预感受挫，便会逃避到自认为比较安全的情境中。

逃避主要有三种表现方式：第一，逃到另一种状态。这种情况在大学生中比较常见。某大学生过去在学习上一直很努力，但由于种种原因受到挫折后，他往往不从主观上分析原因，而不再刻苦学习，并以学习之外的活动避开因学习压力给自己带来的焦虑与不安。第二，逃向幻想世界。受挫的大学生在受挫以后，往往沉溺于不合实际的幻想之中，以非现实的想象方式来应付挫折。这是受挫的大学生为了暂时脱离现实问题的困扰，展开不受制约的想象，在幻想中求得平静和安宁。幻想在一定时期、一定程度上使人暂时脱离现实，有缓解挫折感的作用，得到暂时的精神解脱，因而有助于挫折的容忍和提高人们对将来的希望。但是幻想毕竟是幻想，在多数情况下无助于现实问题的解决。第三，逃向身心疾病。在日常生活中人们对一个人的行为总是有一定要求的。但如果对象是一个病人，社会对他的各种要求都可能暂时取消或减轻，对他的过失，也不做严格的计较。例如，一个大学生在面对一个重大的考试时，由于种种原因，他感到没有把握，内心极不愿意参加这场考试，但又找不出任何不参加考试的理由，内心极为焦虑。如果这个大学生在考试之时正好生病了，一切又另当别论。因此，一些大学生在失败或可能失败之时，如同上述迫于考试的大学生，就巴不得能生病，在现实生活中还真的有人病倒了。这一类病，被心理学称其为机能性障碍。当事者的器官是正常的，在检查时没有发现什么肌体性的疾病，而它们的功能却出了问题。这样的大学生不自觉地将心理方面的困难，转换成为身体方面的症状，借以逃脱他人及自己的责备，而维护了自我的尊严。

轻生是一种极端的逃避方式。在现实中，由于受挫者反复受挫，周围缺少帮助，又找不到摆脱挫折的方法与途径，因此在受挫后愤怒的情绪使之失去理智，而以自杀方式消除内心紧张心理。大学的学习活动，需要大学生不论在智力还是在体力方面都要付出艰辛的劳动。学习的竞争又相当激烈，有些大学生难以适应这种局面，他们在无助之中往往选择了不该选择的消除内心紧张心理的方式。此外，大学生生活在社会之中，一些对大学生有直接影响的事件也引起他们强烈的挫折感，从而可能引发他们的轻生行为。

四、压抑与冷漠

压抑的行为在大学生生活中比较常见。大学生在其学习、生活中，常常把不愉快的经历不知不觉地压抑在潜意识里，不再想起，不去回忆。由于压抑，痛苦的经历似乎被遗忘了，因此使人在现实意识中感受不到焦虑和痛苦。压抑是行为主体的一种"主动遗忘"，它和由于时间延续过久而发生的自然遗忘不同，它只是个体把不为社会所接受的本能冲动、欲望、情感、过失、痛苦经验等不知不觉地从现实意识压抑到潜意识中去，使之不侵犯自我或使自我避免痛苦。但是这些被压抑的东西并没有消失，它在日常生活中往往不知不觉地影响人们的日常心理和行为，并且一旦出现相近的场景，被压抑的东西就会冒出来，对个体造成更大的威胁与危害。它不仅影响个体的正常活动，而且会引起心理异常和心理疾病。

大学生在遭受挫折以后，往往还表现出对挫折情境漠不关心、冷淡，活动上表现出茫然与退让，情绪、情感上失去喜怒哀乐，对一切无动于衷。冷漠一般是在行为主体反复遭受挫折、对引起其挫折的对象无法攻击、又无"替罪羊"宣泄，也看不到改变境遇的希望等因素下发生的。例如，在高校中一些学习困难的大学生，虽然他们尽了相当大的努力，但学习成绩却没有多大进展，每学期总有几门课"红灯"高照。这些大学生承受着外界（学校、家长同学）和内心越来越大的压力，他们对大学生活、同学关系、社会活动往往持冷漠的态度，暮气沉沉，缺乏责任感。

五、文饰与投射

文饰即文过饰非的行为反应。当个体达不到追求的目标时，为避免或减轻因挫折而产生的焦虑和维护自尊，总是要在外部寻找某种理由或托词，对自己的行为给予某种"合理"的解释。

文饰行为反应会在大学生学习、生活中发生。文饰的行为反应表现有两种形式。一是"酸葡萄效应"。当自己真正的需求无法得到满足而产生挫折感时，为了解除内心不安，编造一些理由自我安慰，以消除紧张、减轻压力，使自己从不满、不安等消极心理状态中解脱出来，保护自己免受伤害。二是"甜柠檬效应"。有只狐狸原想找些可口的食物，但遍觅不着，只找到一只酸柠檬，这实在是一件不得已而为之的事，但它却说："柠檬味甜，正我所欲也。"甜柠檬反应的特点在于夸大既得利益的好处，缩小或否定它的不足之处。文饰方式虽然是人们在面临挫折时自觉或不自觉地采用的一种心理防御机制，但它除了暂时缓解内心冲突，保持暂时的心理平衡，对心理发展更多的是起消极作用。因为文饰自我的理由往往是不真实或次要的理由，起着自我欺骗和自我麻痹的作用，长期过分地使用这种方式，会使自己放弃对自我的认识改造，以至于降低积极适应环境的能力。

投射是受挫者把自己内心不被允许的愿望、冲动、思想观念、态度和行为，转嫁到他人或其他事物上，以摆脱自己内心的紧张心理，从而保护自己，并为自己的行为辩护。例如，某大学生上课迟到了，老师批评他，可是这位大学生这样回答老师："我们的班长还在后面！"以此减轻内心紧张和压力。投射作用与文饰在性质上较接近，同样是以某种理由来掩饰个人的过失，但二者是有区别的。在一般情况下，运用文饰行为反应的人都能了解自己的缺点，主要是找冠冕堂皇的理由为自己的缺点辩护。例如，有的大学生考试失败了，明明是自己不用功，却说老师教得不好，或出题不明确、评分不公正等。运用投射行为反应的人，否认自己具有不被社会认可的品质，反而将它加之他人予以攻击。

第三节　大学生挫折心理的消除

一、正确认识挫折

积极的行为反应有助于大学生适应挫折，化解困境，健康成长；消极的行为反应只能起暂时平衡心理的作用，不能解决问题，有时会使当事人在一种自我欺骗中与现实环境脱节，降低了积极的适应能力，甚至形成一些恶习，埋下了心理疾患的种子，影响大学生身心健康和全面发展。正确认识挫折是大学生战胜挫折的先导和前提。

（一）克服错误认知方法

大学时代是大学生一段重要的人生旅程，其间充满紧张与竞争。因而，在大学生成才之路上，不可避免地会遭受各种挫折。然而，在对大学生挫折的分析过程中，人们发现，真正引起大学生挫折感的，与其说是他们遭遇的困难与失败本身，还不如说是当事人对挫折的认识和态度。一些本可以算不上什么挫折的事情，却被当作挫折；一些只是日常生活中鸡毛蒜皮的小事，却被当作天崩地陷的大事。因此，要战胜挫折，大学生就要克服对挫折的一些错误认知方法。首先，要克服挫折认知上的主观性。在现实生活中，有些大学生会出现主观与客观、认识与实践相分离的情况，从而导致错误认识。当他们遭受挫折以后往往不能对挫折进行客观分析，而是以主观判断和评价面对挫折，从而得出了与事实不符的消极结论，加重了挫折感。其次，要克服挫折认知上的片面性。有些大学生的挫折感受与他们认识上的片面有直接的关系。有些大学生若在某件事情上失败了，就认为自己是个失败者、弱者；碰到一些不幸，就觉得自己命运不佳、前途渺茫；某一次考试不理想，就认为自己头脑笨，不是读书的材料；某个同学对自己不友好，就觉得自己人缘太差等。这种以一两件事来评价自己整个人、评价自身价值的认知，其结果往往会引起强烈的挫折反应，导致自责、自卑、自弃心理，产生焦虑和抑郁情绪。最后，要克服挫折认知上的夸大性。由于缺乏社会经验和挫折经历，在现实生活中一些受挫大学生往往夸大挫折及其对个体的影响，把小事无限夸大。在高校发生的一些大学生自杀行为，相当大的一部分与当事人认识上的这种错误的思想方法有关。当面临挫折而出现情绪困扰时，应当主动地检查一下自己在挫折认识上可能存在着思想方法上的偏差，用正确的思想方法克服自己对挫折的错误认识与态度，减少挫折感，使自己尽快地从悲观、失望、焦虑的情绪中摆脱出来。

（二）树立正确的挫折观

大学生初涉社会，对失败比较敏感，害怕失败，恐惧挫折。因此，大学生要对失败有科学认识，建立正确的挫折观念。在社会生活中，人们总是把没有成功或没有达到目标视为失败，这已成为定式，但实际上这种看法并不科学。因为人生的许多目标，是不可能一蹴而就、圆满完成的，常常需要经过多次尝试和失败后的不断努力，才能有机会达到成功。其中每一次失败都使人们获取了更多的知识与经验，使其在下一次更接近成功。可以说，没有失败，就没有成功。因此，在这个意义上说，失败也是成功。大学生在面对挫折失败之时，应坦然面对、泰然处之，没有必要过分担心与害怕。

（三）接受失败

"失败也是我所需要的"是爱迪生一生奋斗的经验总结。爱迪生一生有2000多项发明，每项发明都不是一帆风顺的。例如，他从1900—1909年一直研制蓄电池，历经10年，共失败10万多次，最终研制成功，其艰辛与挫折可想而知。爱迪生的事例对不愿面对失败与挫折的大学生有很大的启发。第一，在现实生活中，一切事情绝不会是一帆风顺的，都是充满各种困难与艰辛，而成功者的成才之路只能是脚踏一个又一个失败与挫折去夺取胜利。第二，挫折是一种心理预警系统。它要求人们坚强，面对现实，探明受挫折的根源，找出失败的原因，根据具体情况继续努力奋斗。想知道一个人是强者还是弱者，如何对待挫折便是一面镜子。第三，挫折是人生的催熟剂。那些担心挫折、害怕失败的人，总是把自己沉溺于万事如意的想象之中，不敢面对复杂的现实社会，稍遇挫折就意志消沉。这样的人不仅不能成为社会和国家的栋梁之材，而且必将被社会抛弃。而那些不断进取、不断奋争的人，他们在不断战胜挫折中锻炼了才干，培养了坚韧不拔的意志。大学生要成为卓越的人，应当投身社会，历经磨难，不断克服困难，战胜挫折。

二、理性对待挫折

在正确认识挫折的基础上，大学生需要采取科学、理智的方式正确对待挫折。

（一）避免挫折后的不良行为

一要避免愤怒生气。不仅是因为动辄生气的人很难健康，而且大学生在受挫后发生的"怒发冲冠"，不论对大学生个体身心健康，还是对社会，都是极为不利的。应当尽可能冷静，以具有高等教育素养的大学生的理智加以正确对待。二要避免自暴自弃。大学生在受挫后可能表现出消极的、自暴自弃的行为，这将直接影响大学生正常学习与生活。大学生在遭受挫折时，要懂得最大的错误莫过于自暴自弃，大学生遇到困难和挫折，应该展现出青年的朝气和勇气，以积极的方式克服困难、战胜挫折。三要避免借酒消愁。大学生在受挫后借酒消愁的情况在高校时有发生。对此，大学生应当了解，大量饮酒会造成神经系统和肝脏的全面损害，影响大学生的身体健康。同时，还要认识到酒并不能真正消愁，只是对自己大脑产生一时的麻醉作用，其结果只能是"举杯消愁愁更愁"。此外，饮酒还会引发诸如打架斗殴等一系列社会问题。

（二）掌握正确方法与途径

一是要树立奋斗目标。人区别于动物的最大特点是人的一切活动都是与社会发展相联系的，是有目的的、有意识的活动。并且人一旦树立自己的目标以后，就会产生一种积极的、愿为之努力的动力，激励他不畏艰难、百折不挠、积极进取。大学生是国家培养的人才，并被寄予无限的希望。大学生应当把社会、国家的希望与自己的发展紧密结合起来，树立为国为民做贡献的目标。有了明确的学习与生活目标，就会调动自己各方面的能力与潜力，克服一切困难，直到获得成功。二是要正确归因。美国心理学家韦纳（Weiner）对人们失败的归因进行了研究。他认为一般情况下，失败由客观因素（包括任务难度和机遇）和主观因素（人的能力与努力）造成。人们把失败归因于何种因素，对以后的活动、积极性有很大影响：把失败归因于主观因素，会使人感到内疚和无助；把失败归因于客观因素，会产生气愤与敌意。大学生应正确分析自己的成败归因模式，应当冷静、客观地分析自己失败的原因，找出造成挫折的真实原因，对挫折作出客观准确、符合实际的归因，从而有效战胜挫折。三是要善于灵活应变与情绪转移。在大学生遭受挫折以后，情绪往往处于不安焦虑之中。善于灵活应变，及时理智地转移目标和情绪，对克服挫折感相当重要。在日常学习生活中遭受失败时，要善于转变近期目标，及时改变行动的方向，就有可能摆脱挫折情境与挫折感。

（三）增强挫折容忍力

挫折容忍力是指个人遭受打击后免于行为失常的能力，即个人承受环境打击或经得起挫折的能力。对挫折情境有正确认识、对挫折作客观评价的大学生，往往比那些对挫折判断有误、认识偏颇的大学生更能把握挫折。挫折容忍力是大学生个体在后天生活过程中为适应环境而习得的能力之一，它和其他心理品质一样，可以经过学习和锻炼而获得提高。在生活中经历过人生坎坷的大学生比一帆风顺的大学生更能适应环境，直面挫折。初涉社会、生活道路比较平坦的大学生的挫折反应往往十分强烈，应对挫折的能力较差。高校是一个竞争相当激烈的场所，大学生在进入高校后，有些大学生往往在各方面，特别在学习上给自己提出了非常具体而又很高的要求。有的大学生经过奋斗达到目标，成为佼佼者；但也有相当多大学生因种种原因而达不到目标,他们由于对目标期望水平过高,在达不到目标时的挫折感因而也就越大。挫折容忍力低的人遇到轻微的挫折,就消极悲观、颓废沮丧、一蹶不振,甚至人格趋于分裂而形成行为失常或心理疾病。挫折容忍力高的人,能忍受重大的挫折,就是大难临头、几起几落,也能坚韧不拔、百折不挠,保持人格的统一和心理的平衡。大学生个体表现出来的挫折容忍力高低差异很大,甚至同一个大学生在不同时候、不同情况下表现出来的挫折容忍力情况也有不同。在大学生中被挫折打得措手不及的人,往往是那些过去一直很顺利、对挫折毫无心理准备的大学生。

三、寻求社会支持

社会支持是指包括朋友、同学、亲属等社会群体给予个体的物质和精神上的援助,体现了自己与社会之间的紧密程度。较多的社会支持有助于个体的压力排解,从而提升个体的情感幸福感。与情感幸福感紧密相关的另一变量是情绪智力。情绪智力是指个体加工和使用情绪的能力。巴昂认为,有较高情绪智力的个体可以很好地感知、使用并调控自我与他人的情绪,从而频繁体验到较多的积极情感以及较少的消极情感。[①] 由于引起大学生挫折的有主观与客观因素,因此,大学生要有效地战胜挫折,必须依靠社会、学校和大学生自身各个方面的努力。

(一)从他人宽容中获取力量

对于受教育的大学生而言,社会、学校对他们的健康成长具有无法推脱、无可推卸的责任。在大多情况下,人们对大学生挫折行为反应抱以宽容的态度。人们清楚地知道,大学生虽然身体已完全发育成熟,但心理发展尚未完全成熟;他们刚刚步入社会,缺乏正反两方面社会经验的体验,更缺乏如何面对挫折、战胜挫折的勇气、方法。因此,人们对大学生受挫折以后的行为反应,包括其积极的和消极的行为反应,能够给予理解与容忍的姿态。首先,人们对受挫的大学生给予深深的同情。把遭受挫折的大学生视为需要帮助的人,并尽可能营造一个有利

---

① 王玉梅. 大学生主观幸福感与生活事件:情绪智力的作用[J]. 中国健康心理学杂志,2010(10):1264-1266.

于大学生摆脱困境的环境和氛围，帮助他战胜挫折。其次，人们对大学生受挫后的某些消极行为反应给予谅解。大学生在受挫以后，由于受应激情绪支配，可能表现出某种不当行为。对此，在一定范围内，社会、学校及教育工作者都不应过分计较，应在给予理解的同时尊重受挫大学生的人格。

（二）从课业中汲取心理养分

受挫大学生迫切需要新的知识，补充战胜挫折的能量。首先，大学生应自觉从课业学习中提升社会规范（法律和道德）的认识，预知行为后果，进而减少过激冲动和杜绝不良行为反应。其次，大学生应该善于在课业学习与训练中恢复自信心。在这方面，要特别注意下列两种倾向：有的大学生盲目自信，自我评价过高，即使在学习中遇到多次失败，仍固执己见，不承认实际的学习成绩与抱负水平之间差距过大，对于这类大学生，应引导其客观地剖析自己，在正确认识自己的基础上，提出切实可行的目标。有的大学生对学习缺乏信心，对成功不抱希望，自暴自弃，萎靡不振，这类大学生大多有较多的失败经历，应在原有的基础上取得一些较好的成绩，从新的成功中得到愉快的体验，把愉快的情感同自己的努力联系起来，带来获得成功的希望，恢复对学习的信心。最后，大学生应在课业学习中学会以辩证方法认识挫折、分析挫折，找出战胜挫折的方法与途径。由于大学生年轻又缺乏生活磨炼，他们在遭受挫折时，往往不能进行客观分析，致使自己深陷消极的挫折情绪之中。大学生应当从理论与实践上学会以全面、联系、发展的观点认识自己，分析困难和挫折，克服孤立、片面、静止的错误思想方法，构建正确的挫折观念。

（三）主动接受心理健康教育

大学生受挫以后，往往引起忧郁、焦虑、不安等情绪，甚至产生某种心理障碍。这些心理问题的发生，令受挫大学生产生困惑或迷惘，如不及时加以解决，可能导致精神疾病。此种情况之下，大学生应主动咨询心理学家、心理医生，倾听他们通过语言或文字对自己面临的心理困惑、心理障碍和心理疾病所进行的启发教育和心灵慰藉。实践证明，社会和各高校开展大学生心理咨询，有利于大学生正确认识挫折，正确认识和分析自己受挫后的行为反应（特别是消极的行为反应），从而采取积极方式消除心理紧张情绪，平衡心理，以良好的心境、饱满的情绪投入学习及其他活动中去。大学生应该相信社会和学校重视大学生心理咨询工作，将极大地促进他们的心理健康。实践告诉我们，经受过挫折磨难、在逆境中成长的人，往往有良好的、适应环境的能力和较强的心理适应能力。挫折能给人以打击，带来痛苦和烦恼，但挫折也能让人振奋，使人在磨炼中变得成熟。大学生是未来社会主义现代化的建设者和接班人，他们不仅要形成合理的科学文化知识结构，更要在未来的社会中学会如何适应环境，拥有在磨难和挫折中求生存、求发展的实力。

参考文献

[1] 郭霖. 自我探索与自我管理 [M]. 重庆：重庆大学出版社，2018.

[2] 罗磊. 大学生的时间管理 [M]. 南京：东南大学出版社，2020.

[3] 万丽丽. 学会自我管理 成就精彩人生 [M]. 济南：山东大学出版社，2018.

[4] 杨乐克. 大学生生涯规划与自我管理 [M]. 北京：北京理工大学出版社，2020.

[5] 朱合理. 大学生个体自我管理研究 [M]. 武汉：武汉大学出版社，2013.

[6] 徐英杰，陈凯. 大学生心理健康 第3版 [M]. 厦门：厦门大学出版社有限责任公司，2020.

[7] 王刚，曹菊琴. 大学生心理健康教育 [M]. 北京：北京理工大学出版社，2020.

[8] 于国庆. 大学生自我控制研究 [M]. 上海：同济大学出版社，2020.

[9] 叶宁. 大学生自我管理能力影响机制评价 [M]. 北京：知识产权出版社，2015.

[10] 张晓燕. 基于"双能"提升的高职大学生自我管理研究 [M]. 徐州：中国矿业大学出版社，2015.

[11] 韩晶晶. 大学生自我管理能力与学习投入的关系 [J]. 黑龙江科学，2023，14（1）：118-120.

[12] 姚则会. 大学生自我管理：目标愿景、体系建构与路径选择 [J]. 齐齐哈尔大学学报（哲学社会科学版），2022（9）：156-160.

[13] 李小龙. 高校大学生自我教育、自我管理、自我服务的路径探究 [J]. 科学咨询（科技·管理），2022（2）：28-30.

[14] 杨新安. 高校学生自我管理能力的培养策略探索 [J]. 产业与科技论坛，

2021, 20（14）：237-238.

[15] 韩潞. 大学生自我管理能力的培养策略 [J]. 公关世界, 2021（12）：31-32.

[16] 谭晓斐. 大学生自我管理能力的现状与提升策略研究 [J]. 科学咨询（科技·管理）, 2021（4）：43-44.

[17] 王琳. 个人自主与责任意识：大学生自我管理的价值基准 [J]. 吉林省教育学院学报, 2021, 37（1）：83-86.

[18] 卢情恩. 以自我教育为中心的大学生管理模式研究 [J]. 现代交际, 2020（22）：195-197.

[19] 杜锄. 提升大学生自我管理能力研究 [J]. 贵州商学院学报, 2020, 33（3）：74-78.

[20] 李淼. 提升大学生自我管理及激励能力的途径和方法 [J]. 现代交际, 2020（8）：185-186.

[21] 郑童. 大学生吸烟、饮酒现状与心理因素的关联性研究 [D]. 芜湖：皖南医学院, 2020.

[22] 倪佳. 美国高校学生社团管理研究 [D]. 开封：河南大学, 2019.

[23] 韩鹏. 拓展训练对大学生社会适应能力影响的研究 [D]. 成都：成都体育学院, 2018.

[24] 闫青. 大学生自我管理能力培养研究 [D]. 太原：山西大学, 2015.

[25] 张坚. 美声唱法在当代中国发展概论 [D]. 西安：陕西师范大学, 2008.

[26] 王华. 大学生生涯管理能力：结构特点、影响因素及其作用 [D]. 长春：东北师范大学, 2022.

[27] 王思积. 接触网络体育信息对大学生健康生活素养的影响 [D]. 天津：天津体育学院, 2022.

[28] 时雨. 智慧学习环境下大学生学习投入影响因素研究 [D]. 南京：南京邮电大学, 2021.

[29] 蒋丽媛. 大学生自我管理能力研究 [D]. 南昌：江西师范大学, 2021.

[30] 孙天鹏. 高职院校大学生拖延现状及干预研究 [D]. 重庆：重庆师范大学, 2021.